RECETAS INSTANT VORTEX

2022

DELICIOSAS RECETAS FACILES Y RAPIDAS PARA PRINCIPIANTES

PILAR MOLINA

Tabla de contenido

Filet miñón dorado desmenuzado

Tiempo de preparación: 15 minutos | Tiempo de cocción: 12 minutos | Para 4 personas

½ libra (227 g) de filete mignon

Sal marina y pimienta negra molida, al gusto

½ cucharadita de pimienta de cayena

1 cucharadita de albahaca seca

1 cucharadita de romero seco

1 cucharadita de tomillo seco

1 cucharada de aceite de sésamo

1 huevo pequeño, batido

½ taza de pan rallado

1. Ajuste la temperatura del horno de la freidora a 360ºF (182ºC). Presione Iniciar para comenzar a precalentar.
2. Cubra el filet mignon con sal, pimienta negra, pimienta de cayena, albahaca, romero y tomillo. Cubra con aceite de sésamo.
3. Ponga el huevo en un plato poco profundo.
4. Vierta el pan rallado en otro plato.
5. Sumerja el filet mignon en el huevo. Enróllelo en las migas.

6. Transfiera el bistec al horno de la freidora y fríalo al aire durante 12 minutos o hasta que se dore.

7. Servir inmediatamente.

Escalope de ternera fácil

Tiempo de preparación: 5 minutos | Tiempo de cocción: 12 minutos | Sirve 1

1 escalope de ternera fina

1 huevo batido

½ taza de pan rallado amigable

2 cucharadas de aceite de oliva

Pimienta y sal al gusto

1. Ajuste la temperatura del horno de la freidora a 350ºF (177ºC). Presione Iniciar para comenzar a precalentar.

2. En un plato poco profundo, combine el pan rallado, el aceite, la pimienta y la sal.

3. En un segundo plato poco profundo, coloca el huevo batido.

4. Escurre el escalope en el huevo antes de enrollarlo en el pan rallado.

5. Coloque el escalope recubierto en la sartén perforada del horno de la freidora y fría al aire durante 12 minutos. Dale la vuelta al escalope a la mitad.

6. Servir inmediatamente.

Satay de Cordero Rápido

Tiempo de preparación: 5 minutos | Tiempo de cocción: 8 minutos | 2 porciones

¼ de cucharadita de comino

1 cucharadita de jengibre

½ cucharadita de nuez moscada

Sal y pimienta negra molida, al gusto.

2 filetes de cordero deshuesados

Spray para cocinar

1. Combine el comino, el jengibre, la nuez moscada, la sal y la pimienta en un bol.

2. Corta los filetes de cordero en cubos y masajea la mezcla de especias en cada uno.

3. Deje marinar durante 10 minutos, luego transfiera a brochetas de metal.

4. Fije la temperatura del horno de la freidora a 400ºF (204ºC). Presione Iniciar para comenzar a precalentar.

5. Rocíe las brochetas con el aceite en aerosol, luego fríalas al aire en el horno de la freidora durante 8 minutos.

6. Tenga cuidado al sacarlos del horno freidora y sírvalos.

Bolsillos de pita de cordero griego

Tiempo de preparación: 15 minutos | Tiempo de cocción: 6 minutos | Para 4 personas

Vendaje:

1 taza de yogur natural

1 cucharada de jugo de limón

1 cucharadita de eneldo seco, triturado

1 cucharadita de orégano molido

½ cucharadita de sal

Albóndigas:

½ libra (227 g) de cordero molido

1 cucharada de cebolla picada

1 cucharadita de perejil seco

1 cucharadita de eneldo seco, triturado

¼ de cucharadita de orégano

¼ de cucharadita de cilantro

¼ de cucharadita de comino molido

¼ de cucharadita de sal

4 mitades de pita

Ingredientes sugeridos:

1 cebolla morada, rebanada

1 pepino mediano, sin pepitas, en rodajas finas

Queso feta desmenuzado

Aceitunas negras en rodajas

Pimientos frescos picados

1. Fije la temperatura del horno de la freidora a 390ºF (199ºC). Presione Iniciar para comenzar a precalentar.

2. Mezcle los ingredientes del aderezo en un tazón pequeño y refrigere mientras prepara el cordero.

3. Combine todos los ingredientes de las albóndigas en un tazón grande y revuelva para distribuir los condimentos.

4. Forma 12 albóndigas pequeñas con la mezcla de carne, redondeadas o ligeramente aplanadas si lo prefieres.

5. Transfiera las albóndigas en el horno de freidora precalentada y fríalas al aire durante 6 minutos, hasta que estén bien cocidas. Retirar y escurrir sobre toallas de papel.

6. Para servir, apile las albóndigas y la elección de los aderezos en los bolsillos de pita y rocíe con el aderezo.

Rack de cordero griego

Tiempo de preparación: 5 minutos | Tiempo de cocción: 10 minutos | Para 4 personas

¼ de taza de jugo de limón recién exprimido

1 cucharadita de orégano

2 cucharaditas de romero fresco picado

1 cucharadita de tomillo fresco picado

2 cucharadas de ajo picado

Sal y pimienta negra recién molida, al gusto.

2 a 4 cucharadas de aceite de oliva

1 costilla de cordero (de 7 a 8 costillas)

1. Ajuste la temperatura del horno de la freidora a 360ºF (182ºC). Presione Iniciar para comenzar a precalentar.

2. En un tazón pequeño, combine el jugo de limón, el orégano, el romero, el tomillo, el ajo, la sal, la pimienta y el aceite de oliva y mezcle bien.

3. Frote la mezcla sobre el cordero, cubriendo toda la carne. Ponga el costillar de cordero en el horno freidora. Ase durante 10 minutos. Dale la vuelta a la rejilla a la mitad.

4. Después de 10 minutos, mida que la temperatura interna del costillar de cordero alcance al menos 145ºF (63ºC).

5. Servir inmediatamente.

Carne de cerdo agridulce abundante

Tiempo de preparación: 20 minutos | Tiempo de cocción: 14 minutos | Sirve de 2 a 4

$^1/_3$ taza de harina para todo uso

⅓ taza de maicena

2 cucharaditas de polvo de cinco especias chinas

1 cucharadita de sal

Pimienta negra recién molida, al gusto

1 huevo

2 cucharadas de leche

¾ de libra (340 g) de carne de cerdo deshuesada, cortada en cubos de 1 pulgada

Aceite vegetal o de canola

1½ tazas de trozos grandes de pimientos rojos y verdes

½ taza de salsa de tomate

2 cucharadas de vinagre de vino de arroz o vinagre de sidra de manzana

2 cucharadas de azúcar morena

¼ de taza de jugo de naranja

1 cucharada de salsa de soja

1 diente de ajo picado

1 taza de piña en cubos

Cebolletas picadas, para decorar

1. Instale una estación de dragado con dos tazones. Combine la harina, la maicena, el polvo de cinco especias chinas, la sal y la pimienta en un tazón grande. Batir el huevo y la leche en un segundo tazón. Primero drague los cubos de cerdo en la mezcla de harina, luego sumérjalos en el huevo y luego nuevamente en la harina para cubrir todos los lados. Rocíe los cubos de cerdo recubiertos con aceite vegetal o de canola.

2. Fije la temperatura del horno de la freidora a 400ºF (204ºC). Presione Iniciar para comenzar a precalentar.

3. Mezclar los trozos de pimiento con un poco de aceite y freír al aire durante 5 minutos, agitando la sartén perforada a la mitad del tiempo de cocción.

4. Mientras se cocinan los pimientos, comience a hacer la salsa. Combine la salsa de tomate, el vinagre de vino de arroz, el azúcar morena, el jugo de naranja, la salsa de soja y el ajo en una cacerola mediana y hierva la mezcla en la estufa. Reduzca el fuego y cocine a fuego lento durante 5 minutos. Cuando los pimientos hayan terminado de freírse al aire, añádelos a la cacerola junto con los trozos de piña. Cocine a fuego lento los pimientos y la piña en la salsa durante 2 minutos más. Dejar a un lado y mantener caliente.

5. Agregue los cubos de cerdo dragados a la sartén perforada del horno de la freidora y fría a 400ºF (204ºC) durante 6 minutos, agitando la sartén perforada para dar la vuelta a los cubos durante el último minuto del proceso de cocción.

6. Cuando esté listo para servir, mezcle el cerdo cocido con la piña, los pimientos y la salsa. Sirva adornado con cebolletas picadas.

Carne de res con hierbas

Tiempo de preparación: 5 minutos | Tiempo de cocción: 22 minutos | Para 6

1 cucharadita de eneldo seco

1 cucharadita de tomillo seco

1 cucharadita de ajo en polvo

2 libras (907 g) de filete de res

3 cucharadas de mantequilla

1. Ajuste la temperatura del horno de la freidora a 360ºF (182ºC). Presione Iniciar para comenzar a precalentar.

2. Combine el eneldo, el tomillo y el ajo en polvo en un tazón pequeño y masajee el bistec.

3. Fríe el bistec al aire en el horno de la freidora durante 20 minutos, luego retíralo, tritúralo y devuélvelo al horno de la freidora.

4. Agregue la mantequilla y fría el filete desmenuzado durante 2 minutos más. Asegúrese de que la carne esté cubierta con mantequilla antes de servir.

Chuletas de cordero italiano con mayonesa de aguacates

Tiempo de preparación: 5 minutos | Tiempo de cocción: 12 minutos | 2 porciones

2 chuletas de lámpara

2 cucharaditas de hierbas italianas

2 aguacates

½ taza de mayonesa

1 cucharada de jugo de limón

1. Sazone las chuletas de cordero con las hierbas italianas y déjelas reposar durante 5 minutos.

2. Ajuste la temperatura del horno de la freidora a 400ºF (204ºC) y coloque la rejilla adentro.

3. Ponga las chuletas en la rejilla y fríalas al aire durante 12 minutos.

4. Mientras tanto, corte los aguacates por la mitad y ábralos para quitarles el hueso. Coloca la pulpa en una licuadora.

5. Agregue la mayonesa y el jugo de limón y presione hasta obtener una consistencia suave.

6. Tenga cuidado al sacar las chuletas del horno de la freidora, luego colóquelas en un plato y sírvalas con la mayonesa de aguacate.

Tortilla de col rizada y ternera

Tiempo de preparación: 15 minutos | Tiempo de cocción: 16 minutos | Para 4 personas

½ libra (227 g) de res sobrante, picada en trozos grandes

2 dientes de ajo, prensados

1 taza de col rizada, cortada en trozos y marchita

1 tomate picado

¼ de cucharadita de azúcar

4 huevos batidos

4 cucharadas de crema espesa

½ cucharadita de cúrcuma en polvo

Sal y pimienta negra molida, al gusto.

⅛ cucharadita de pimienta gorda molida

Spray para cocinar

1. Ajuste la temperatura del horno de la freidora a 360ºF (182ºC). Presione Iniciar para comenzar a precalentar. Rocíe cuatro moldes con aceite en aerosol.

2. Ponga cantidades iguales de cada uno de los ingredientes en cada molde y mezcle bien.

3. Freír al aire durante 16 minutos. Servir inmediatamente.

Salchicha Kielbasa con Pierogies

Tiempo de preparación: 15 minutos | Tiempo de cocción: 30 minutos | Sirve de 3 a 4

1 cebolla dulce, en rodajas

1 cucharadita de aceite de oliva

Sal y pimienta negra recién molida, al gusto.

2 cucharadas de mantequilla, cortada en cubos pequeños

1 cucharadita de azucar

454 g (1 libra) de salchicha kielbasa polaca clara, cortada en trozos de 2 pulgadas

1 paquete (13 onzas / 369 g) de mini pierogies congelados

2 cucharaditas de aceite vegetal o de oliva

Cebolletas picadas, para decorar

1. Fije la temperatura del horno de la freidora a 400ºF (204ºC). Presione Iniciar para comenzar a precalentar.

2. Mezcle las cebollas en rodajas con aceite de oliva, sal y pimienta y transfiéralas a la sartén perforada del horno de freidora. Espolvorea las cebollas con trozos de mantequilla y sofríe durante 2 minutos. Luego espolvorea el azúcar sobre las cebollas y revuelve. Vierta la mantequilla derretida del fondo del cajón del horno de la freidora sobre las cebollas. Continúe friendo al aire durante otros 13 minutos, revolviendo o agitando la

sartén perforada cada pocos minutos para freír las cebollas de manera uniforme.

3. Agregue los trozos de kielbasa a las cebollas y mezcle. Freír al aire durante otros 5 minutos, agitando la sartén perforada a la mitad del tiempo de cocción. Transfiera la kielbasa y las cebollas a un tazón y cubra con papel de aluminio para mantener el calor.

4. Mezcle los pierogies congelados con el aceite vegetal o de oliva y transfiéralos a la sartén perforada del horno de la freidora. Fríe al aire a 400ºF (204ºC) durante 8 minutos, agitando la sartén perforada dos veces durante el tiempo de cocción.

5. Cuando los pierogies hayan terminado de cocinarse, devuelva la kielbasa y las cebollas al horno de la freidora y mezcle suavemente con los pierogies. Fríe al aire durante 2 minutos más y luego transfiere todo a una fuente para servir. Adorne con las cebolletas picadas y sirva caliente con la salsa de crema agria picante debajo.

Hamburguesa de cordero

Tiempo de preparación: 15 minutos | Tiempo de cocción: 16 minutos | Sirve de 3 a 4

2 cucharaditas de aceite de oliva

⅓ cebolla finamente picada

1 diente de ajo picado

1 libra (454 g) de cordero molido

2 cucharadas de perejil fresco, finamente picado

1½ cucharaditas de orégano fresco, finamente picado

½ taza de aceitunas negras finamente picadas

⅓ taza de queso feta desmenuzado

½ cucharadita de sal

pimienta negra recién molida

4 panes de pita espesos

coberturas y condimentos

1. Precalienta una sartén mediana a fuego medio-alto en la estufa. Agregue el aceite de oliva y cocine la cebolla hasta que esté tierna, pero no dorada, aproximadamente de 4 a 5 minutos. Añadir el ajo y cocinar por otro minuto. Transfiera la cebolla y el ajo a un tazón y agregue el cordero molido, el perejil, el orégano, las aceitunas, el

queso feta, la sal y la pimienta. Mezcle suavemente los ingredientes.

2. Divida la mezcla en 3 o 4 porciones iguales y luego forme las hamburguesas, teniendo cuidado de no manipular demasiado la carne. Una buena forma de hacerlo es tirar la carne de un lado a otro entre las manos como si fuera una pelota de béisbol, empaquetando la carne cada vez que la atrapes. Aplana las bolas en empanadas, haciendo una hendidura en el centro de cada hamburguesa. Aplana los lados de las empanadas.

3. Fije la temperatura del horno de la freidora a 370ºF (188ºC). Presione Iniciar para comenzar a precalentar.

4. Si no tiene espacio para las cuatro hamburguesas, fríe al aire dos o tres hamburguesas a la vez durante 8 minutos. Voltee las hamburguesas y fríalas al aire durante otros 8 minutos. Si cocinó las hamburguesas en lotes, devuelva el primer lote de hamburguesas al horno de la freidora durante los últimos dos minutos de cocción para volver a calentar. Esto debería darte una hamburguesa mediana. Si prefiere una hamburguesa poco hecha, acorte el tiempo de cocción a unos 13 minutos. Retire las hamburguesas a un plato de reposo y déjelas reposar unos minutos antes de aliñarlas y servirlas.

5. Mientras reposan las hamburguesas, tueste los panes de pita en el horno de la freidora durante 2 minutos. Meta las hamburguesas en los panes de pita tostados, o envuelva las pitas alrededor de las hamburguesas y sírvalas con una salsa tzatziki o un poco de mayonesa.

Albóndigas De Cordero

Tiempo de preparación: 20 minutos | Tiempo de cocción: 8 minutos | Para 4 personas

Albóndigas:

½ cebolla pequeña, finamente picada

1 diente de ajo picado

1 libra (454 g) de cordero molido

2 cucharadas de perejil fresco, finamente picado (y más para decorar)

2 cucharaditas de orégano fresco, finamente picado

2 cucharadas de leche

1 yema de huevo

Sal y pimienta negra recién molida, al gusto.

½ taza de queso feta desmenuzado, para decorar

Salsa de tomate:

2 cucharadas de mantequilla

1 diente de ajo machacado

1 pizca de hojuelas de pimiento rojo triturado

¼ de cucharadita de canela molida

1 lata (28 onzas / 794 g) de tomates triturados

Sal al gusto

Aceite de oliva para engrasar

1. Combine todos los ingredientes para las albóndigas en un tazón grande y mezcle hasta que todo esté combinado. Forme bolas de 1½ pulgada con la mezcla o forme la carne entre dos cucharadas para hacer quenelles.

2. Fije la temperatura del horno de la freidora a 400ºF (204ºC). Presione Iniciar para comenzar a precalentar.

3. Mientras se precalienta el horno de la freidora, comience la salsa de tomate rápida. Pon la mantequilla, el ajo y las hojuelas de pimiento rojo en una sartén y calienta a fuego medio en la estufa. Deje que el ajo chisporrotee un poco, pero antes de que la mantequilla se dore, agregue la canela y los tomates. Deje hervir a fuego lento y cocine a fuego lento durante 15 minutos. Sazonar con sal.

4. Engrase el fondo de la sartén perforada del horno de la freidora con aceite de oliva y transfiera las albóndigas a la sartén perforada del horno de la freidora en una capa, friendo al aire en lotes si es necesario.

5. Fríe al aire durante 8 minutos, agitando la sartén perforada una vez durante el proceso de cocción para dar la vuelta a las albóndigas.

6. Para servir, vierta un charco de salsa de tomate en platos y agregue las albóndigas. Espolvorea el queso feta encima y decora con más perejil fresco. Servir inmediatamente.

Chuletas de cordero con piruleta

Tiempo de preparación: 15 minutos | Tiempo de cocción: 7 minutos | Para 4 personas

½ diente de ajo pequeño

¼ de taza de perejil fresco empacado

¾ taza de menta fresca empaquetada

½ cucharadita de jugo de limón

¼ taza de queso parmesano rallado

⅓ taza de pistachos sin cáscara

¼ de cucharadita de sal

½ taza de aceite de oliva

8 chuletas de cordero (1 parrilla)

2 cucharadas de aceite vegetal

Sal y pimienta negra recién molida, al gusto.

1 cucharada de romero seco, picado

1 cucharada de tomillo seco

1. Haga el pesto combinando el ajo, el perejil y la menta en un procesador de alimentos y procese hasta que esté finamente picado. Agrega el jugo de limón, el queso parmesano, los pistachos y la sal. Procese hasta que todos los ingredientes se hayan convertido en una pasta. Con el procesador en funcionamiento, vierta lentamente el aceite de oliva. Raspe los lados del procesador con una espátula y procese por otros 30 segundos.

2. Fije la temperatura del horno de la freidora a 400ºF (204ºC). Presione Iniciar para comenzar a precalentar.

3. Frote ambos lados de las chuletas de cordero con aceite vegetal y sazone con sal, pimienta, romero y tomillo, presionando las hierbas en la carne suavemente con los dedos. Transfiera las chuletas de cordero a la sartén perforada del horno freidora.

4. Fríe las chuletas de cordero al aire durante 5 minutos. Voltee las chuletas y fríalas al aire durante 2 minutos más.

5. Sirve las chuletas de cordero con pesto de menta rociadas por encima.

Solomillo De Cerdo Marinado

Tiempo de preparación: 10 minutos | Tiempo de cocción: 30 minutos | Para 4 a 6 porciones

¼ taza de aceite de oliva

¼ taza de salsa de soja

¼ de taza de jugo de limón recién exprimido

1 diente de ajo picado

1 cucharada de mostaza de Dijon

1 cucharadita de sal

½ cucharadita de pimienta negra recién molida

2 libras (907 g) de lomo de cerdo

1. En un tazón grande, prepare la marinada: mezcle el aceite de oliva, la salsa de soja, el jugo de limón, el ajo picado, la mostaza de Dijon, la sal y la pimienta. Reserve ¼ de taza de la marinada.

2. Coloque el lomo en un tazón grande y vierta el adobo restante sobre la carne. Cubra y deje marinar en el refrigerador durante aproximadamente 1 hora.

3. Fije la temperatura del horno de la freidora a 400ºF (204ºC). Presione Iniciar para comenzar a precalentar.

4. Coloque el lomo de cerdo marinado en la sartén perforada del horno de la freidora. Ase durante 10 minutos. Voltee el cerdo y rocíelo con la mitad de la marinada reservada. Ase por 10 minutos más.

5. Voltee la carne de cerdo, luego rocíe con la marinada restante. Ase durante otros 10 minutos, para un tiempo total de cocción de 30 minutos.

6. Servir inmediatamente.

Chuletas de cerdo a la mexicana

Tiempo de preparación: 5 minutos | Tiempo de cocción: 15 minutos | 2 porciones

¼ de cucharadita de orégano seco

1½ cucharaditas de mezcla de condimentos para tacos

2 (4 onzas / 113 g) chuletas de cerdo deshuesadas

2 cucharadas de mantequilla sin sal, dividida

1. Fije la temperatura del horno de la freidora a 400ºF (204ºC). Presione Iniciar para comenzar a precalentar.

2. Combine el orégano seco y el condimento para tacos en un tazón pequeño y frote la mezcla en las chuletas de cerdo. Unte las chuletas con 1 cucharada de mantequilla.

3. En el horno de la freidora, fríe las chuletas al aire durante 15 minutos, dándoles la vuelta a la mitad para que se frían al aire por el otro lado.

4. Cuando las chuletas estén de un color marrón, verifique que la temperatura interna haya alcanzado los 145ºF (63ºC) y retírelas del horno de la freidora. Sirve con una guarnición de mantequilla restante.

Filete marinado en miso

Tiempo de preparación: 5 minutos | Tiempo de cocción: 12 minutos | Para 4 personas

¾ libra (340 g) de filete de falda

1½ cucharada de sake

1 cucharada de pasta de miso marrón

1 cucharadita de miel

2 dientes de ajo, prensados

1 cucharada de aceite de oliva

1. Ponga todos los ingredientes en una bolsa Ziploc. Agite para cubrir bien el bistec con los condimentos y refrigere durante al menos 1 hora.

2. Fije la temperatura del horno de la freidora a 400ºF (204ºC). Presione Iniciar para comenzar a precalentar. Cubre todos los lados del bistec con aceite en aerosol. Pon el bistec en la bandeja para hornear.

3. Fríe al aire durante 12 minutos, volteando el bistec dos veces durante el tiempo de cocción, luego sírvelo inmediatamente.

Filete de flanco mongol

Tiempo de preparación: 20 minutos | Tiempo de cocción: 15 minutos | Para 4 personas

680 g (1½ libras) de filete de falda, cortado al bies en tiras finas de ¼ de pulgada

Escabeche:

2 cucharadas de salsa de soja

1 diente de ajo machacado

1 pizca de hojuelas de pimiento rojo triturado

Salsa:

1 cucharada de aceite vegetal

2 dientes de ajo picados

1 cucharada de jengibre fresco finamente rallado

3 chiles rojos secos

¾ taza de salsa de soja

¾ taza de caldo de pollo

5 a 6 cucharadas de azúcar morena

½ taza de maicena, dividida

1 manojo de cebolletas, cortadas en trozos de 2 pulgadas

1. Marina la carne en la salsa de soja, el ajo y las hojuelas de pimiento rojo durante una hora.

2. Mientras tanto, prepara la salsa. Precalienta una cacerola pequeña a fuego medio en la estufa. Agregue el aceite, el ajo, el jengibre y los chiles secos y saltee durante uno o dos minutos. Agregue la salsa de soja, el caldo de pollo y el azúcar morena y continúe cocinando a fuego lento durante unos minutos. Disuelva 3 cucharadas de maicena en 3 cucharadas de agua y revuelva en la cacerola. Revuelve la salsa a fuego medio hasta que espese. Deja esto a un lado.

3. Fije la temperatura del horno de la freidora a 400ºF (204ºC). Presione Iniciar para comenzar a precalentar.

4. Retire la carne de la marinada y transfiérala a una bolsa de plástico con cierre hermético con la maicena restante. Agítelo para cubrir completamente la carne y transfiera las tiras recubiertas de carne a una bandeja o plato para hornear, sacudiendo el exceso de maicena. Rocíe las tiras con aceite vegetal por todos lados y transfiéralas a la sartén perforada del horno de la freidora.

5. Fríe al aire durante 15 minutos, agitando la sartén perforada para revolver y rotar las tiras de carne durante el proceso de cocción. Agrega las cebolletas durante los últimos 4 minutos de cocción. Transfiera las tiras de carne calientes y las cebolletas a un tazón y

mezcle con la salsa, cubriendo todas las tiras de carne con la salsa. Sirva caliente.

Pechuga de ternera con mozzarella

Tiempo de preparación: 5 minutos | Tiempo de cocción: 25 minutos | Para 6

12 onzas (340 g) de pechuga de res

2 cucharaditas de hierbas italianas

2 cucharaditas de mantequilla

1 cebolla en rodajas

7 onzas (198 g) de queso mozzarella en rodajas

1. Fije la temperatura del horno de la freidora a 365ºF (185ºC). Presione Iniciar para comenzar a precalentar.

2. Corta la pechuga en cuatro rodajas iguales y sazona con las hierbas italianas.

3. Deje que la mantequilla se derrita en el horno de la freidora. Ponga adentro las rodajas de ternera junto con la cebolla. Freír al aire durante 25 minutos. Dale la vuelta a la pechuga a la mitad. Ponga un trozo de Mozzarella encima de cada trozo de pechuga en los últimos 5 minutos.

4. Servir inmediatamente.

Pastel de Carne de Res y Champiñones

Tiempo de preparación: 10 minutos | Tiempo de cocción: 25 minutos | Para 4 personas

454 g (1 libra) de carne molida

1 huevo batido

1 champiñones, en rodajas

1 cucharada de tomillo

1 cebolla pequeña picada

3 cucharadas de pan rallado

Pimienta negra molida, al gusto

1. Fije la temperatura del horno de la freidora a 400ºF (204ºC). Presione Iniciar para comenzar a precalentar.
2. Ponga todos los ingredientes en un tazón grande y combine por completo.
3. Transfiera la mezcla de pastel de carne al molde para pan y muévala al horno freidora.
4. Hornea por 25 minutos. Cortar antes de servir.

Solomillo De Cerdo A La Naranja

Tiempo de preparación: 15 minutos | Tiempo de cocción: 23 minutos | Sirve de 3 a 4

2 cucharadas de azúcar morena

2 cucharaditas de maicena

2 cucharaditas de mostaza de Dijon

½ taza de jugo de naranja

½ cucharadita de salsa de soja

2 cucharaditas de jengibre fresco rallado

¼ de taza de vino blanco

Ralladura de 1 naranja

1 libra (454 g) de lomo de cerdo

Sal y pimienta negra recién molida, al gusto.

Naranjas, cortadas por la mitad, para decorar

Perejil fresco, para decorar

1. Combine el azúcar morena, la maicena, la mostaza de Dijon, el jugo de naranja, la salsa de soja, el jengibre, el vino blanco y la ralladura de naranja en una cacerola pequeña y hierva la mezcla en la estufa. Bajar el fuego y cocinar a fuego lento mientras se fríe el lomo de cerdo o hasta que la salsa se espese.

2. Fije la temperatura del horno de la freidora a 370ºF
    (188ºC). Presione Iniciar para comenzar a precalentar.

3. Sazone todos los lados del lomo de cerdo con sal y
    pimienta negra recién molida. Transfiera el lomo a la
    sartén perforada del horno freidora.

4. Fríe al aire durante 20 a 23 minutos, o hasta que la
    temperatura interna alcance los 145ºF (63ºC). Voltee el
    lomo a la mitad del proceso de cocción y rocíe con la
    salsa.

5. Transfiera el lomo a una tabla de cortar y déjelo reposar
    durante 5 minutos. Cortar la carne de cerdo en un ligero
    ángulo y servir inmediatamente con mitades de naranja
    y perejil fresco.

6. Servir inmediatamente.

Solomillo de ternera con costra de pimienta

Tiempo de preparación: 5 minutos | Tiempo de cocción: 25 minutos | Para 6

2 libras (907 g) de lomo de res

2 cucharaditas de ajo asado, picado

2 cucharadas de mantequilla con sal, derretida

3 cucharadas de licuadora de 4 granos de pimienta molida

1. Fije la temperatura del horno de la freidora a 400ºF (204ºC). Presione Iniciar para comenzar a precalentar.

2. Retire cualquier exceso de grasa del solomillo de ternera.

3. Combina el ajo asado y la mantequilla derretida para aplicar sobre el lomo con una brocha.

4. En un plato, extienda los granos de pimienta y enrolle el lomo, asegurándose de que cubran y se adhieran a la carne.

5. Fríe el lomo al aire en el horno de la freidora durante 25 minutos, dándole la vuelta a la mitad de la cocción.

6. Deje reposar el lomo durante diez minutos antes de cortarlo y servirlo.

Bolsillos de pepperoni y pimiento morrón

Tiempo de preparación: 5 minutos | Tiempo de cocción: 8 minutos | Para 4 personas

4 rebanadas de pan de 1 pulgada de grosor

Aceite de oliva, para nebulizar

24 rodajas de pepperoni

28 g (1 onza) de pimientos rojos asados, escurridos y secos

28 g (1 onza) de queso Pepper Jack, cortado en 4 rebanadas

1. Ajuste la temperatura del horno de la freidora a 360ºF (182ºC). Presione Iniciar para comenzar a precalentar.

2. Rocíe ambos lados de las rebanadas de pan con aceite de oliva.

3. Coloque las rodajas en posición vertical y corte una hendidura profunda en la parte superior para crear un bolsillo (casi hasta la corteza inferior, pero no completamente).

4. Rellena cada bolsillo de pan con 6 rebanadas de pepperoni, una tira grande de pimiento rojo asado y una rebanada de queso.

5. Coloque los bolsillos de pan en la sartén perforada del horno de la freidora, de pie. Fríe al aire durante 8 minutos, hasta que el relleno esté completamente caliente y el pan esté ligeramente dorado.

6. Servir caliente.

Gorditas de cerdo y frijoles pintos

Tiempo de preparación: 20 minutos | Tiempo de cocción: 21 minutos | Para 4 personas

1 libra (454 g) de carne de cerdo molida magra

2 cucharadas de chile en polvo

2 cucharadas de comino molido

1 cucharadita de orégano seco

2 cucharaditas de pimentón

1 cucharadita de ajo en polvo

½ taza de agua

1 lata (15 onzas / 425 g) de frijoles pintos, escurridos y enjuagados

½ taza de salsa para tacos

Sal y pimienta negra recién molida, al gusto.

2 tazas de queso cheddar rallado

5 tortillas de harina (de 12 pulgadas)

4 (8 pulgadas) de tortilla de maíz crujiente

4 tazas de lechuga rallada

1 tomate, cortado en cubitos

⅓ taza de aceitunas negras en rodajas

Crema agria, para servir

Salsa de tomate, para servir

Spray para cocinar

1. Fije la temperatura del horno de la freidora a 400ºF (204ºC). Presione Iniciar para comenzar a precalentar. Rocía la sartén perforada con aceite en aerosol.

2. Ponga la carne de cerdo molida en la sartén perforada y fría a 400ºF (204ºC) durante 10 minutos, revolviendo varias veces para romper suavemente la carne. Combine el chile en polvo, el comino, el orégano, el pimentón, el ajo en polvo y el agua en un tazón pequeño. Agrega la mezcla de especias al cerdo dorado. Agregue los frijoles y la salsa para tacos y fría por un minuto más. Transfiera la mezcla de cerdo a un tazón. Sazone con sal y pimienta negra recién molida.

3. Espolvoree ½ taza de queso rallado en el centro de las tortillas de harina, dejando un borde de 2 pulgadas alrededor del borde libre de queso y relleno. Divida la mezcla de puerco entre las cuatro tortillas, colocándola encima del queso. Coloque una tortilla de maíz crujiente encima del cerdo y cubra con lechuga rallada, tomates cortados en cubitos y aceitunas negras. Corta la tortilla de harina restante en 4 cuartos. Estos cuartos de tortilla servirán como fondo de la gordita. Coloque un cuarto de tortilla encima de cada gordita y doble los bordes de la tortilla de harina inferior hacia arriba sobre los lados, encerrando el relleno. Mientras mantiene las costuras hacia abajo, cepille la parte inferior de la gordita con

aceite de oliva y coloque la costura hacia abajo sobre la encimera mientras termina las tres gorditas restantes.

4. Ajuste la temperatura del horno de la freidora a 380ºF (193ºC). Presione Iniciar para comenzar a precalentar.

5. Fríe al aire una gordita a la vez. Transfiera la gordita con cuidado a la sartén perforada del horno freidora, con la costura hacia abajo. Cepille o rocíe la tortilla superior con aceite y fría al aire durante 5 minutos. Dale la vuelta con cuidado a la gordita y fríe al aire durante 4 a 5 minutos más hasta que se doren por ambos lados. Cuando termine de freír al aire las cuatro gorditas, colóquelas nuevamente en el horno de la freidora por un minuto adicional para asegurarse de que estén todas calientes antes de servir con crema agria y salsa.

Salteado de chuleta de cerdo

Tiempo de preparación: 10 minutos | Tiempo de cocción: 20 minutos | Para 4 personas

1 cucharada de aceite de oliva

¼ de cucharadita de pimienta negra molida

½ cucharadita de sal

1 clara de huevo

4 chuletas de cerdo (4 onzas / 113 g)

¾ taza de harina de almendras

2 chiles jalapeños en rodajas

2 cebolletas en rodajas

2 cucharadas de aceite de oliva

¼ de cucharadita de pimienta blanca molida

1 cucharadita de sal marina

1. Cubra la sartén perforada del horno de la freidora con aceite de oliva.

2. Batir la pimienta negra, la sal y la clara de huevo hasta que esté espumosa.

3. Cortar las chuletas de cerdo en trozos, dejando solo un poco en los huesos. Seque.

4. Agregue trozos de cerdo a la mezcla de clara de huevo, cubriendo bien. Deje reposar durante 20 minutos para la marinada.

5. Ajuste la temperatura del horno de la freidora a 360ºF (182ºC). Presione Iniciar para comenzar a precalentar.

6. Coloque las chuletas marinadas en un tazón grande y agregue la harina de almendras. Drague y sacuda el exceso y colóquelo en el horno de freidora.

7. Fríe al aire las chuletas en el horno freidora precalentado durante 12 minutos.

8. Suba el fuego a 400ºF (205ºC) y fría al aire por otros 6 minutos hasta que las chuletas de cerdo estén bien y crujientes.

9. Mientras tanto, retire las semillas de jalapeño y pique. Pica las cebolletas y mézclalas con los jalapeños.

10. Calentar una sartén con aceite de oliva. Sofreír la pimienta blanca, la sal, las cebolletas y los jalapeños 60 segundos. Luego agregue trozos de cerdo frito a las habilidades y mezcle con la mezcla de cebolleta. Sofría de 1 a 2 minutos hasta que esté bien cubierto y caliente.

11. Servir inmediatamente.

Chuletas de cerdo con corteza

Tiempo de preparación: 5 minutos | Tiempo de cocción: 15 minutos | Para 4 personas

1 cucharadita de chile en polvo

½ cucharadita de ajo en polvo

1½ onzas (43 g) de chicharrones, finamente molidos

4 chuletas de cerdo (4 onzas / 113 g)

1 cucharada de aceite de coco derretido

1. Fije la temperatura del horno de la freidora a 400ºF (204ºC). Presione Iniciar para comenzar a precalentar.

2. Combine el chile en polvo, el ajo en polvo y las cortezas de cerdo molidas.

3. Untar las chuletas de cerdo con el aceite de coco, seguido de la mezcla de chicharrón, cuidando de taparlas por completo. Luego coloque las chuletas en la sartén perforada del horno freidora.

4. Fríe las chuletas al aire durante 15 minutos o hasta que la temperatura interna de las chuletas alcance al menos 145ºF (63ºC), volteando a la mitad.

5. Servir inmediatamente.

Medallones de Cerdo con Ensalada de Radicchio y Endivias

Tiempo de preparación: 25 minutos | Tiempo de cocción: 7 minutos | Para 4 personas

1 (8 onzas / 227 g) de lomo de cerdo

Sal y pimienta negra recién molida, al gusto.

¼ de taza de harina

2 huevos, ligeramente batidos

¾ taza de harina de galleta

1 cucharadita de pimentón

1 cucharadita de mostaza seca

1 cucharadita de ajo en polvo

1 cucharadita de tomillo seco

1 cucharadita de sal

aceite vegetal o de canola, en botella con atomizador

Vinagreta:

¼ taza de vinagre balsámico blanco

2 cucharadas de sirope de agave (o miel o sirope de arce)

1 cucharada de mostaza de Dijon

jugo de ½ limón

2 cucharadas de perifollo picado o perejil de hoja plana

sal y pimienta negra recién molida

½ taza de aceite de oliva extra virgen

Ensalada de Radicchio y Endivias:

1 corazón de lechuga romana, cortada en trozos grandes

½ cabeza de achicoria, picada en trozos grandes

2 cabezas de escarola, en rodajas

½ taza de tomates cherry, cortados por la mitad

85 g (3 onzas) de queso mozzarella fresco, cortado en cubitos

Sal y pimienta negra recién molida, al gusto.

1. Corta el lomo de cerdo en rodajas de 1 pulgada. Con una machacadora de carne, machaque las rodajas de cerdo en finos medallones de ½ pulgada. Sazone generosamente el cerdo con sal y pimienta negra recién molida por ambos lados.

2. Instale una estación de dragado con tres platos poco profundos. Ponga la harina en un plato y los huevos batidos en un segundo plato. Combine la harina de galleta, el pimentón, la mostaza seca, el ajo en polvo, el tomillo y la sal en un tercer plato.

3. Fije la temperatura del horno de la freidora a 400ºF (204ºC). Presione Iniciar para comenzar a precalentar.

4. Drene los medallones de cerdo en harina primero y luego en el huevo batido. Deje que el huevo sobrante se escurra y cubra ambos lados de los medallones con la

mezcla de migas de harina de galleta. Rocíe ambos lados de los medallones recubiertos con aceite vegetal o de canola.

5. Fríe los medallones al aire en dos lotes a 400ºF (204ºC) durante 5 minutos. Una vez que haya frito al aire todos los medallones, déles la vuelta y devuelva el primer lote de medallones al horno de la freidora encima del segundo lote. Fríe al aire a 400ºF (204ºC) durante 2 minutos más.

6. Mientras se cocinan los medallones, prepara la ensalada y el aderezo. Batir el vinagre balsámico blanco, el jarabe de agave, la mostaza de Dijon, el jugo de limón, el perifollo, la sal y la pimienta en un tazón pequeño. Batir el aceite de oliva lentamente hasta que se combine y espese.

7. Combine la lechuga romana, la achicoria, la endibia, los tomates cherry y el queso mozzarella en una ensaladera grande. Rocíe el aderezo sobre las verduras y mezcle para combinar. Sazone con sal y pimienta negra recién molida.

8. Sirva los medallones de cerdo calientes sobre o al lado de la ensalada.

Cerdo con Salsa Aloha

Tiempo de preparación: 20 minutos | Tiempo de cocción: 8 minutos | Para 4 personas

2 huevos

2 cucharadas de leche

¼ de taza de harina

¼ de taza de pan rallado panko

4 cucharaditas de semillas de sésamo

1 libra (454 g) de chuletas de cerdo delgadas y deshuesadas (de ⅜ a ½ pulgada de grosor)

Pimienta de limón y sal, al gusto

¼ taza de maicena

Spray para cocinar

Salsa Aloha:

1 taza de piña fresca, picada en trozos pequeños

¼ de taza de cebolla morada finamente picada

¼ de taza de pimiento morrón verde o rojo, picado

½ cucharadita de canela molida

1 cucharadita de salsa de soja baja en sodio

⅛ cucharadita de pimiento rojo triturado

⅛ cucharadita de pimienta negra molida

1. En un tazón mediano, mezcle todos los ingredientes para la salsa. Cubra y refrigere mientras cocina la carne de cerdo.

2. Fije la temperatura del horno de la freidora a 390ºF (199ºC). Presione Iniciar para comenzar a precalentar.

3. Batir los huevos y la leche en un plato poco profundo.

4. En otro plato poco profundo, mezcle la harina, el panko y las semillas de sésamo.

5. Espolvoree las chuletas de cerdo con pimienta de limón y sal.

6. Sumerja las chuletas de cerdo en maicena, mezcla de huevo y luego cubra con panko. Rocíe ambos lados con aceite en aerosol.

7. Fríe las chuletas al aire durante 3 minutos. Dar la vuelta a las chuletas, rociar por ambos lados y seguir friendo al aire durante 5 minutos o hasta que estén bien cocidas.

8. Sirva las chuletas fritas con salsa de acompañamiento.

Ensalada De Patatas Y Prosciutto

Tiempo de preparación: 10 minutos | Tiempo de cocción: 7 minutos | Para 8 porciones

Ensalada:

4 libras (1,8 kg) de papas, hervidas y en cubos

15 rebanadas de prosciutto, cortadas en cubitos

2 tazas de queso cheddar rallado

Vendaje:

15 onzas (425 g) de crema agria

2 cucharadas de mayonesa

1 cucharadita de sal

1 cucharadita de pimienta negra

1 cucharadita de albahaca seca

1. Ajuste la temperatura del horno de la freidora a 350ºF (177ºC). Presione Iniciar para comenzar a precalentar.

2. Coloque las papas, el prosciutto y el queso cheddar en una fuente para hornear. Ponlo en el horno freidora y fríe al aire durante 7 minutos.

3. En un recipiente aparte, mezcle la crema agria, la mayonesa, la sal, la pimienta y la albahaca con un batidor.

4. Cubra la ensalada con el aderezo y sirva.

Albóndigas De Carne De Res Y Cerdo Rellenas De Provolone

Tiempo de preparación: 15 minutos | Tiempo de cocción: 12 minutos | Para 4 a 6 porciones

1 cucharada de aceite de oliva

1 cebolla pequeña finamente picada

1 a 2 dientes de ajo picados

¾ libra (340 g) de carne molida

¾ libra (340 g) de carne de cerdo molida

¾ taza de pan rallado

¼ taza de queso parmesano rallado

¼ taza de perejil fresco finamente picado

½ cucharadita de orégano seco

1½ cucharaditas de sal

Pimienta negra recién molida, al gusto

2 huevos, ligeramente batidos

5 onzas (142 g) de queso provolone afilado o añejado, cortado en cubos de 1 pulgada

1. Precalienta una sartén a fuego medio-alto. Agregue el aceite y cocine la cebolla y el ajo hasta que estén tiernos, pero no dorados.

2. Transfiera la cebolla y el ajo a un tazón grande y agregue la carne de res, cerdo, pan rallado, queso parmesano, perejil, orégano, sal, pimienta y huevos. Mezclar bien hasta que se combinen todos los ingredientes. Divida la mezcla en 12 bolas de tamaño uniforme. Haga una albóndiga a la vez, presionando un agujero en la mezcla de albóndigas con el dedo y empujando un trozo de queso provolone en el agujero. Vuelva a moldear la carne en una bola, encerrando el queso.

3. Ajuste la temperatura del horno de la freidora a 380ºF (193ºC). Presione Iniciar para comenzar a precalentar.

4. Trabajando en dos tandas, transfiera seis de las albóndigas a la sartén perforada del horno freidora y fría al aire durante 12 minutos, agitando la sartén perforada y dando vuelta las albóndigas dos veces durante el proceso de cocción. Repite con las 6 albóndigas restantes. Sirva caliente.

Fajitas de filete de falda Ritzy

Tiempo de preparación: 15 minutos | Tiempo de cocción: 30 minutos | Para 4 personas

2 cucharadas de aceite de oliva

¼ de taza de jugo de lima

1 diente de ajo picado

½ cucharadita de comino molido

½ cucharadita de salsa picante

½ cucharadita de sal

2 cucharadas de cilantro fresco picado

454 g (1 libra) de filete de falda

1 cebolla en rodajas

1 cucharadita de chile en polvo

1 pimiento rojo cortado en rodajas

1 pimiento verde cortado en rodajas

Sal y pimienta negra recién molida, al gusto.

8 tortillas de harina

Aderezos:

Lechuga rallada

Queso fresco desmenuzado (o queso cheddar rallado)

Aceitunas negras en rodajas

Tomates cortados

Crema agria

Guacamole

1. Combine el aceite de oliva, el jugo de lima, el ajo, el comino, la salsa picante, la sal y el cilantro en un plato poco profundo. Agregue el filete de falda y déle la vuelta varias veces para cubrir todos los lados. Perfora el bistec con un ablandador de carne tipo aguja o un cuchillo para pelar. Deje marinar el bistec en el refrigerador durante al menos 3 horas o durante la noche. Cuando esté listo para cocinar, retire el bistec del refrigerador y déjelo reposar a temperatura ambiente durante 30 minutos.

2. Fije la temperatura del horno de la freidora a 400ºF (204ºC). Presione Iniciar para comenzar a precalentar.

3. Mezcle las rodajas de cebolla con el chile en polvo y un poco de aceite de oliva y transfiéralas a la sartén perforada del horno freidora. Freír al aire durante 5 minutos. Agrega los pimientos rojos y verdes a la sartén perforada del horno de la freidora con las cebollas, sazona con sal y pimienta y fríe al aire por 8 minutos más, hasta que las cebollas y los pimientos estén suaves. Transfiera las verduras a un plato y cubra con papel de aluminio para mantener calientes.

4. Coloque el filete de falda en la sartén perforada del horno de la freidora y vierta la marinada por encima.

Fríe al aire a 400ºF (204ºC) durante 12 minutos. Dale la vuelta al bistec y fríelo al aire durante 5 minutos más. Transfiera el bistec cocido a una tabla de cortar y déjelo reposar durante unos minutos. Si es necesario calentar los pimientos y las cebollas, devuélvalos al horno de la freidora durante solo 1 a 2 minutos.

5. Corte el bistec en rodajas finas en ángulo, cortando contra la fibra del bistec. Sirva el bistec con las cebollas y los pimientos, las tortillas calientes y los aderezos de fajita a un lado.

6. Servir inmediatamente.

Filetes de Ribeye al Romero

Tiempo de preparación: 10 minutos | Tiempo de cocción: 15 minutos | 2 porciones

¼ taza de mantequilla

1 diente de ajo picado

Sal y pimienta negra molida, al gusto.

1½ cucharada de vinagre balsámico

¼ taza de romero picado

2 filetes de chuletón

1. Derrita la mantequilla en una sartén a fuego medio. Agregue el ajo y fría hasta que esté fragante.

2. Retire la sartén del fuego y agregue la sal, la pimienta y el vinagre. Deje que se enfríe.

3. Agrega el romero, luego vierte la mezcla en una bolsa Ziploc.

4. Coloque los filetes de chuletón en la bolsa y agite bien, cubriendo bien la carne. Refrigere durante una hora, luego deje reposar durante veinte minutos más.

5. Ajuste la temperatura del horno de la freidora a 400ºF (204ºC) y coloque la rejilla adentro. Fríe los chuletones al aire durante 15 minutos.

6. Tenga cuidado al sacar los filetes del horno de la freidora y del plato hacia arriba.

7. Servir inmediatamente.

Carne de cerdo desmenuzada simple

Tiempo de preparación: 5 minutos | Tiempo de cocción: 24 minutos | Sirve 1

2 cucharadas de salsa de barbacoa seca

1 libra (454 g) de lomo de cerdo

$\frac{1}{3}$ taza de crema espesa

1 cucharadita de mantequilla

1. Fije la temperatura del horno de la freidora a 370ºF (188ºC). Presione Iniciar para comenzar a precalentar.

2. Masajea la mezcla seca en el lomo, cubriéndolo bien.

3. Fríe el lomo en el horno de la freidora durante 20 minutos. Cuando esté frito, tritúrelo con dos tenedores.

4. Agregue la crema espesa y la mantequilla en el horno de la freidora junto con el cerdo desmenuzado y revuelva bien. Freír al aire durante 4 minutos más.

5. Deje enfriar y luego sirva.

Carne de res ahumada

Tiempo de preparación: 10 minutos | Tiempo de cocción: 45 minutos | Para 8 porciones

907 g (2 libras) de rosbif, a temperatura ambiente

2 cucharadas de aceite de oliva extra virgen

1 cucharadita de hojuelas de sal marina

1 cucharadita de pimienta negra molida

1 cucharadita de pimentón ahumado

Pocas gotas de humo líquido

2 chiles jalapeños, en rodajas finas

1. Fije la temperatura del horno de la freidora a 330ºF (166ºC). Presione Iniciar para comenzar a precalentar.

2. Con paños de cocina, seque la carne.

3. Masajea la carne con aceite de oliva extra virgen, sal, pimienta negra y pimentón. Cubrir con humo líquido.

4. Coloque la carne en el horno de la freidora y ase durante 30 minutos. Dale la vuelta al asado y déjalo asar por otros 15 minutos.

5. Cuando esté bien cocido, sírvalo cubierto con jalapeños en rodajas.

Lasaña de calabaza espagueti

Tiempo de preparación: 5 minutos | Tiempo de cocción: 1 hora 15 minutos | Para 6

2 calabacines grandes, cocidos (aproximadamente 2¾ libras / 1,2 kg)

4 libras (1,8 kg) de carne molida

1 frasco grande de salsa Marinara (2½ libras / 1,1 kg)

25 rebanadas de queso mozzarella

30 onzas de queso ricotta de leche entera

1. Ajuste la temperatura del horno de la freidora a 375ºF (191ºC). Presione Iniciar para comenzar a precalentar.

2. Corta la calabaza espagueti y colócala boca abajo dentro de una fuente para hornear. Llenar con agua hasta cubrir.

3. Hornee en el horno freidora precalentado durante 45 minutos hasta que la piel esté suave.

4. Dorar la carne molida en una sartén a fuego medio-alto durante 5 minutos o hasta que se dore, luego agregar la salsa marinara y calentar hasta que esté tibia. Dejar de lado.

5. Quite la pulpa de la calabaza cocida para que parezca espagueti.

6. Coloque la lasaña en una sartén grande engrasada en capas alternas de calabaza espagueti, salsa de carne, mozzarella, ricotta. Repita hasta que se hayan utilizado todos los ingredientes.

7. Hornee por 30 minutos y sirva.

Braciole de espinacas y ternera

Tiempo de preparación: 25 minutos | Tiempo de cocción: 1 hora 32 minutos | Para 4 personas

½ cebolla finamente picada

1 cucharadita de aceite de oliva

⅓ taza de vino tinto

2 tazas de tomates triturados

1 cucharadita de condimento italiano

½ cucharadita de ajo en polvo

¼ de cucharadita de hojuelas de pimiento rojo triturado

2 cucharadas de perejil fresco picado

2 filetes redondos superiores (aproximadamente 1½ libras / 680 g)

sal y pimienta negra recién molida

2 tazas de espinaca fresca picada

1 diente de ajo picado

½ taza de pimientos rojos asados, en juliana

½ taza de queso pecorino rallado

¼ de taza de piñones tostados y picados

2 cucharadas de aceite de oliva

1. Fije la temperatura del horno de la freidora a 400ºF (204ºC). Presione Iniciar para comenzar a precalentar.

2. Mezcle las cebollas y el aceite de oliva en una bandeja para hornear. Fríe al aire a 400ºF (204ºC) durante 5 minutos, revolviendo un par de veces durante el proceso de cocción. Agregue el vino tinto, los tomates triturados, el condimento italiano, el ajo en polvo, las hojuelas de pimiento rojo y el perejil y revuelva. Cubra bien la sartén con papel de aluminio, baje la temperatura del horno de la freidora a 350ºF (177ºC) y continúe friendo al aire durante 15 minutos.

3. Mientras la salsa hierve a fuego lento, prepare la carne. Con un mazo de carne, machaque la carne hasta que tenga un grosor de ¼ de pulgada. Sazone ambos lados de la carne con sal y pimienta. Combine las espinacas, el ajo, los pimientos rojos, el queso pecorino, los piñones y el aceite de oliva en un tazón mediano. Sazone con sal y pimienta negra recién molida. Esparcir la mezcla sobre los filetes. Comenzando por uno de los extremos cortos, enrolle la carne alrededor del relleno, metiendo los lados mientras lo enrolla para asegurarse de que el relleno esté completamente cerrado. Asegure los rollos de carne con palillos de dientes.

4. Retire la bandeja para hornear con la salsa del horno de la freidora y déjela a un lado. Fije la temperatura del

horno de la freidora a 400ºF (204ºC). Presione Iniciar para comenzar a precalentar.

5. Cepille o rocíe los rollos de carne con un poco de aceite de oliva y fría a 400ºF (204ºC) durante 12 minutos, rotando la carne durante el proceso de cocción para que se dore uniformemente. Cuando la carne esté dorada, sumerja los rollos en la salsa en la bandeja para hornear, cubra la sartén con papel de aluminio y devuélvala al horno freidora. Reducir la temperatura del horno de la freidora a 250ºF (121ºC) y freír al aire durante 60 minutos.

6. Retire los rollos de carne de la salsa. Corta cada rollo en rodajas y sírvelo, echando un poco de salsa por encima.

Suntuosos rollos de tortilla de pizza

Tiempo de preparación: 10 minutos | Tiempo de cocción: 6 minutos | Para 4 personas

1 cucharadita de mantequilla

½ cebolla mediana, rebanada

½ pimiento morrón rojo o verde, cortado en juliana

113 g (4 onzas) de champiñones blancos frescos, picados

½ taza de salsa para pizza

8 tortillas de harina

8 lonchas finas de jamón deli

24 rodajas de pepperoni

1 taza de queso mozzarella rallado

Spray para cocinar

1. Fije la temperatura del horno de la freidora a 390ºF (199ºC). Presione Iniciar para comenzar a precalentar.

2. Coloque la mantequilla, la cebolla, el pimiento morrón y los champiñones en una fuente para hornear. Hornee en el horno freidora precalentado durante 3 minutos. Revuelva y cocine de 3 a 4 minutos más hasta que estén crujientes y tiernos. Retire la sartén y reserve.

3. Para armar los panecillos, esparza alrededor de 2 cucharaditas de salsa para pizza en la mitad de cada

tortilla. Cubra con una rebanada de jamón y 3 rebanadas de pepperoni. Divida las verduras salteadas entre las tortillas y cubra con queso.

4. Enrolle las tortillas, asegúrelas con palillos de dientes si es necesario y rocíe con aceite.

5. Coloque 4 rollos en una sartén perforada del horno de freidora y fríalos al aire durante 4 minutos. Dar la vuelta y freír al aire durante 4 minutos, hasta que esté completamente caliente y ligeramente dorado.

6. Repita el paso 4 para freír al aire los rollos de pizza restantes.

7. Servir inmediatamente.

Chuletas de Tomate Secadas al Sol

Tiempo de preparación: 15 minutos | Tiempo de cocción: 10 minutos | Para 4 personas

½ taza de tomates secados al sol envasados en aceite

½ taza de almendras tostadas

¼ taza de queso parmesano rallado

½ taza de aceite de oliva, y más para cepillar la canasta de la freidora

2 cucharadas de agua

½ cucharadita de sal

Pimienta negra recién molida, al gusto

4 chuletas de cerdo deshuesadas cortadas al centro (aproximadamente 1¼ libras / 567 g)

1. Coloque los tomates secados al sol en un procesador de alimentos y pulse hasta que estén picados en trozos grandes. Agrega las almendras, el queso parmesano, el aceite de oliva, el agua, la sal y la pimienta. Procese hasta obtener una pasta suave. Extienda la mayor parte de la pasta (deje un poco en reserva) en ambos lados de las chuletas de cerdo y luego pinche la carne varias veces con un ablandador de carne tipo aguja o un tenedor. Deje reposar las chuletas de cerdo y marinar durante al menos 1 hora (refrigerar si se marina por más de 1 hora).

2. Fije la temperatura del horno de la freidora a 370ºF (188ºC). Presione Iniciar para comenzar a precalentar.

3. Unte más aceite de oliva en el fondo de la sartén perforada del horno de la freidora. Transfiera las chuletas de cerdo a la sartén perforada del horno de freidora, echando un poco más de la pasta de tomate secada al sol sobre las chuletas de cerdo si hay algún espacio donde la pasta se haya eliminado. Fríe las chuletas de cerdo al aire durante 10 minutos, dándoles la vuelta a la mitad.

4. Cuando las chuletas de cerdo hayan terminado de cocinarse, transfiéralas a un plato para servir y sírvalas.

Super Tocino con Carne

Tiempo de preparación: 5 minutos | Tiempo de cocción: 1 hora | Para 4 personas

30 rebanadas de tocino de corte grueso

113 g (4 onzas) de queso cheddar, rallado

12 onzas (340 g) de bistec

283 g (10 onzas) de salchicha de cerdo

Sal y pimienta negra molida, al gusto.

1. Fije la temperatura del horno de la freidora a 400ºF (204ºC). Presione Iniciar para comenzar a precalentar.

2. Coloque 30 rebanadas de tocino en un patrón tejido en la bandeja perforada en el horno de la freidora y hornee por 20 minutos hasta que estén crujientes.

3. Combine el bistec y la salchicha para formar una mezcla carnosa.

4. Extiende la carne en un rectángulo de tamaño similar a las tiras de tocino. Condimentar con sal y pimienta. Pon el queso en el centro.

5. Enrolle la carne en un rollo apretado y refrigere.

6. Fije la temperatura del horno de la freidora a 400ºF (204ºC). Presione Iniciar para comenzar a precalentar.

7. Haga un tejido de tocino de 7 × 7 y enrolle el tejido de tocino sobre la carne, en diagonal.

8. Hornee por 60 minutos o hasta que la temperatura interna alcance al menos 165ºF (74ºC).

9. Deje reposar durante 5 minutos antes de servir.

Albóndigas de ternera sueca

Tiempo de preparación: 10 minutos | Tiempo de cocción: 12 minutos | Para 8 porciones

454 g (1 libra) de carne molida

1 huevo batido

2 zanahorias, ralladas

2 rebanadas de pan, desmenuzado

1 cebolla pequeña picada

½ cucharadita de sal de ajo

Pimienta y sal, al gusto

1 taza de salsa de tomate

2 tazas de salsa para pasta

1. Fije la temperatura del horno de la freidora a 400ºF (204ºC). Presione Iniciar para comenzar a precalentar.

2. En un tazón, combine la carne molida, el huevo, las zanahorias, el pan desmenuzado, la cebolla, la sal de ajo, la pimienta y la sal.

3. Divide la mezcla en cantidades iguales y dale a cada una la forma de una pequeña albóndiga.

4. Ponlos en la sartén perforada del horno freidora y fríelos al aire durante 7 minutos.

5. Transfiera las albóndigas a una fuente para hornear y cubra con la salsa de tomate y la salsa para pasta.

6. Coloque el plato en el horno de la freidora y déjelo freír al aire a 320ºF (160ºC) durante 5 minutos más. Servir caliente.

Rollos de cerdo y champiñones teriyaki

Tiempo de preparación: 10 minutos | Tiempo de cocción: 8 minutos | Para 6

4 cucharadas de azúcar morena

4 cucharadas de mirin

4 cucharadas de salsa de soja

1 cucharadita de harina de almendras

Jengibre de 2 pulgadas, picado

6 (4 onzas / 113 g) rebanadas de panceta de cerdo

6 onzas (170 g) de champiñones Enoki

1. Mezcle el azúcar morena, el mirin, la salsa de soja, la harina de almendras y el jengibre hasta que se disuelva el azúcar morena.

2. Tome rodajas de panceta de cerdo y envuélvalas alrededor de un paquete de champiñones. Unte cada rollo con salsa teriyaki. Deje enfriar durante media hora.

3. Ajuste la temperatura del horno de la freidora a 350ºF (177ºC) y agregue los rollitos de cerdo marinados.

4. Freír al aire durante 8 minutos. Voltea los rollos a la mitad.

5. Servir inmediatamente.

Chuletas de cerdo vietnamita

Tiempo de preparación: 15 minutos | Tiempo de cocción: 12 minutos | 2 porciones

1 cucharada de chalota picada

1 cucharada de ajo picado

1 cucharada de salsa de pescado

3 cucharadas de limoncillo

1 cucharadita de salsa de soja

1 cucharada de azúcar morena

1 cucharada de aceite de oliva

1 cucharadita de pimienta negra molida

2 chuletas de cerdo

1. Combine la chalota, el ajo, la salsa de pescado, la hierba de limón, la salsa de soja, el azúcar morena, el aceite de oliva y la pimienta en un tazón. Revuelva para mezclar bien.

2. Pon las chuletas de cerdo en el bol. Mezcle para cubrir bien. Coloque el recipiente en el refrigerador para marinar durante 2 horas.

3. Fije la temperatura del horno de la freidora a 400ºF (204ºC). Presione Iniciar para comenzar a precalentar.

4. Retire las chuletas de cerdo del bol y deseche la marinada. Transfiera las chuletas al horno freidora.

5. Fríe al aire durante 12 minutos o hasta que esté ligeramente dorado. Voltea las chuletas de cerdo a la mitad del tiempo de cocción.

6. Retire las chuletas de cerdo de la sartén perforada y sirva caliente.

Aves de corral

Fajitas de pollo frito al aire

Tiempo de preparación: 15 minutos | Tiempo de cocción: 10 a 15 minutos | Para 4 personas

4 pechugas de pollo deshuesadas y sin piel (5 onzas / 142 g) bajas en sodio, cortadas en tiras de 4 por ½ pulgada

1 cucharada de jugo de limón recién exprimido

2 cucharaditas de aceite de oliva

2 cucharaditas de chile en polvo

2 pimientos morrones rojos, en rodajas

4 tortillas de trigo integral bajas en sodio

$^1/_3$ taza de crema agria descremada

1 taza de tomates uva, en rodajas

1. Ajuste la temperatura del horno de la freidora a 380ºF
    (193ºC). Presione Iniciar para comenzar a precalentar.

2. En un tazón grande, mezcle el pollo, el jugo de limón, el
    aceite de oliva y el chile en polvo. Mezcle para cubrir.

3. Transfiera el pollo a la sartén perforada del horno
    freidora. Agrega los pimientos rojos. Ase durante 10 a
    15 minutos, o hasta que el pollo alcance una
    temperatura interna de 165ºF (74ºC) en un
    termómetro para carnes.

4. Ensamble las fajitas con las tortillas, el pollo, los
    pimientos morrones, la crema agria y los tomates.
    Servir inmediatamente.

Ofertas de pollo desnudo frito al aire

Tiempo de preparación: 5 minutos | Tiempo de cocción: 7 minutos | Para 4 personas

Condimento:

1 cucharadita de sal kosher

½ cucharadita de ajo en polvo

½ cucharadita de cebolla en polvo

½ cucharadita de chile en polvo

¼ de cucharadita de pimentón dulce

¼ de cucharadita de pimienta negra recién molida

Pollo:

8 tiras de pechuga de pollo (1 libra / 454 g en total)

2 cucharadas de mayonesa

1. Ajuste la temperatura del horno de la freidora a 375ºF (191ºC). Presione Iniciar para comenzar a precalentar.

2. Para el condimento: En un tazón pequeño, combine la sal, el ajo en polvo, la cebolla en polvo, el chile en polvo, el pimentón y la pimienta.

3. Para el pollo: Coloque el pollo en un tazón mediano y agregue la mayonesa. Mezcle bien para cubrir todo, luego espolvoree con la mezcla de condimentos.

4. Trabajando en tandas, coloque una sola capa de pollo en la sartén perforada del horno de la freidora. Fríe al aire durante 6 a 7 minutos, volteando a la mitad, hasta que esté bien cocido en el centro. Servir inmediatamente.

Nuggets de pollo con costra de almendras

Tiempo de preparación: 10 minutos | Tiempo de cocción: 10 a 13 minutos | Para 4 personas

1 clara de huevo

1 cucharada de jugo de limón recién exprimido

½ cucharadita de albahaca seca

½ cucharadita de pimentón molido

1 libra (454 g) de pechugas de pollo deshuesadas y sin piel bajas en sodio, cortadas en cubos de 1½ pulgada

½ taza de almendras molidas

2 rebanadas de pan integral bajo en sodio, desmenuzado

1. Fije la temperatura del horno de la freidora a 400ºF (204ºC). Presione Iniciar para comenzar a precalentar.

2. En un tazón poco profundo, bata la clara de huevo, el jugo de limón, la albahaca y el pimentón con un tenedor hasta que esté espumoso.

3. Agregue el pollo y revuelva para cubrir.

4. En un plato, mezcle las almendras y el pan rallado.

5. Mezcle los cubos de pollo en la mezcla de almendras y pan rallado hasta que estén cubiertos.

6. Hornee las pepitas en el horno de la freidora, en dos
   tandas, durante 10 a 13 minutos, o hasta que el pollo
   alcance una temperatura interna de 165ºF (74ºC) en
   un termómetro para carnes. Servir inmediatamente.

Lomo de pavo glaseado con albaricoque

Tiempo de preparación: 20 minutos | Tiempo de cocción: 30 minutos | Para 4 personas

¼ de taza de mermelada de albaricoque sin azúcar

½ cucharada de mostaza marrón picante

680 g (1½ libras) de lomo de pechuga de pavo

Sal y pimienta negra recién molida, al gusto.

Spray de aceite de oliva

1. Fije la temperatura del horno de la freidora a 370ºF (188ºC). Presione Iniciar para comenzar a precalentar. Rocíe ligeramente la sartén perforada del horno de la freidora con aceite en aerosol.

2. En un tazón pequeño, combine las conservas de albaricoque y la mostaza para hacer una pasta.

3. Sazone el pavo con sal y pimienta. Extienda la pasta de albaricoque por todo el pavo.

4. Coloque el pavo en la sartén perforada del horno de freidora y rocíe ligeramente con aceite de oliva en aerosol.

5. Freír al aire durante 15 minutos. Dale la vuelta al pavo y rocía ligeramente con aceite de oliva en aerosol. Fríe

al aire hasta que la temperatura interna alcance al menos 170ºF (77ºC), de 10 a 15 minutos adicionales.

6. Deje reposar el pavo durante 10 minutos antes de cortarlo y servirlo.

Pollo Glaseado Con Albaricoque

Tiempo de preparación: 5 minutos | Tiempo de cocción: 12 minutos | 2 porciones

2 cucharadas de mermelada de albaricoque

½ cucharadita de tomillo fresco picado o ⅛ cucharadita seca

2 (8 onzas / 227 g) de pechugas de pollo deshuesadas y sin piel, recortadas

1 cucharadita de aceite vegetal

Sal y pimienta para probar

1. Fije la temperatura del horno de la freidora a 400ºF (204ºC). Presione Iniciar para comenzar a precalentar.

2. Cocine en el microondas las conservas de albaricoque y el tomillo en un tazón hasta que estén fluidos, aproximadamente 30 segundos; dejar de lado. Libere el pollo hasta lograr un grosor uniforme según sea necesario. Seque con toallas de papel, frote con aceite y sazone con sal y pimienta.

3. Coloque las pechugas con la piel hacia abajo en una sartén perforada para horno de freidora, espaciadas uniformemente, alternando los extremos. Fríe el pollo al aire durante 4 minutos. Dale la vuelta al pollo y unta el lado de la piel con la mezcla de albaricoque y tomillo.

Fríe al aire hasta que el pollo registre 160ºF (71ºC), de 8 a 12 minutos más.

4. Transfiera el pollo a una fuente para servir, cúbralo sin apretar con papel de aluminio y déjelo reposar durante 5 minutos. Atender.

Pollo a la barbacoa

Tiempo de preparación: 10 minutos | Tiempo de cocción: 18 a 20 minutos | Para 4 personas

$^1/_3$ taza de salsa de tomate sin sal agregada

2 cucharadas de mostaza granulada baja en sodio

2 cucharadas de vinagre de sidra de manzana

1 cucharada de miel

2 dientes de ajo picados

1 chile jalapeño, picado

3 cucharadas de cebolla picada

4 pechugas de pollo deshuesadas y sin piel (5 onzas / 142 g) bajas en sodio

1. Fije la temperatura del horno de la freidora a 370ºF (188ºC). Presione Iniciar para comenzar a precalentar.

2. En un tazón pequeño, mezcle la salsa de tomate, la mostaza, el vinagre de sidra, la miel, el ajo, el jalapeño y la cebolla.

3. Unte las pechugas de pollo con un poco de salsa y fríalas al aire durante 10 minutos.

4. Retire la sartén perforada del horno de la freidora y voltee el pollo; untar con más salsa. Freír al aire durante 5 minutos más.

5. Retire la sartén perforada del horno de la freidora y voltee el pollo nuevamente; untar con más salsa. Fríe al aire durante 3 a 5 minutos más, o hasta que el pollo alcance una temperatura interna de 165ºF (74ºC) en un termómetro para carnes. Deseche la salsa restante. Servir inmediatamente.

Pollo asado con ensalada cremosa de col

Tiempo de preparación: 10 minutos | Tiempo de cocción: 20 minutos | 2 porciones

3 tazas de mezcla para ensalada de col, rallada

Sal y pimienta

2 (12 onzas / 340 g) de pechugas de pollo partidas con hueso, recortadas

1 cucharadita de aceite vegetal

2 cucharadas de salsa barbacoa, más extra para servir

2 cucharadas de mayonesa

2 cucharadas de crema agria

1 cucharadita de vinagre blanco destilado, más extra para condimentar

¼ de cucharadita de azúcar

1. Ajuste la temperatura del horno de la freidora a 350ºF (177ºC). Presione Iniciar para comenzar a precalentar.

2. Mezcle la mezcla de ensalada de col y ¼ de cucharadita de sal en un colador colocado sobre un tazón. Deje reposar hasta que se ablande un poco, unos 30 minutos. Enjuague, escurra y seque bien con un paño de cocina.

3. Mientras tanto, seque el pollo con toallas de papel, frótelo con aceite y sazone con sal y pimienta. Coloque las pechugas con la piel hacia abajo en una sartén perforada para horno de freidora, espaciadas uniformemente, alternando los extremos. Hornea por 10 minutos. Dale la vuelta a las pechugas y unta el lado de la piel con salsa barbacoa. Regrese la sartén perforada al horno de la freidora y hornee hasta que esté bien dorado y el pollo registre 160ºF (71ºC), de 10 a 15 minutos.

4. Transfiera el pollo a una fuente para servir, cúbralo sin apretar con papel de aluminio y déjelo reposar durante 5 minutos. Mientras el pollo descansa, mezcle la mayonesa, la crema agria, el vinagre, el azúcar y una pizca de pimienta en un tazón grande. Agregue la mezcla de ensalada de col y sazone con sal, pimienta y vinagre adicional al gusto. Sirva el pollo con ensalada de col, pasando la salsa barbacoa extra por separado.

Pechugas de pollo ennegrecidas

Tiempo de preparación: 10 minutos | Tiempo de cocción: 20 minutos | Para 4 personas

1 huevo grande, batido

¾ taza de condimento ennegrecido

2 pechugas de pollo enteras, deshuesadas y sin piel (aproximadamente 1 libra / 454 g cada una), cortadas por la mitad

Spray para cocinar

1. Ajuste la temperatura del horno de la freidora a 360ºF (182ºC). Presione Iniciar para comenzar a precalentar. Cubra la bandeja perforada del horno de la freidora con papel pergamino.

2. Coloque el huevo batido en un recipiente poco profundo y el condimento ennegrecido en otro recipiente poco profundo.

3. Uno a la vez, sumerja los trozos de pollo en el huevo batido y el condimento ennegrecido, cubriendo bien.

4. Coloque los trozos de pollo en el pergamino y rocíelos con aceite en aerosol.

5. Freír al aire durante 10 minutos. Voltea el pollo, rocía con aceite en aerosol y fríe al aire por 10 minutos más hasta que la temperatura interna alcance 165ºF (74ºC)

y el pollo ya no esté rosado por dentro. Deje reposar
durante 5 minutos antes de servir.

Pollo con pimentón y suero de leche

Tiempo de preparación: 7 minutos | Tiempo de cocción: 17 a 23 minutos | Para 4 personas

4 (5 onzas / 142 g) de pechugas de pollo deshuesadas y sin piel bajas en sodio, machacadas hasta aproximadamente ½ pulgada de grosor

½ taza de suero de leche

½ taza de harina para todo uso

2 cucharadas de maicena

1 cucharadita de tomillo seco

1 cucharadita de pimentón molido

1 clara de huevo

1 cucharada de aceite de oliva

1. Fije la temperatura del horno de la freidora a 390ºF (199ºC). Presione Iniciar para comenzar a precalentar.

2. En un tazón poco profundo, mezcle el pollo y el suero de leche. Deje reposar durante 10 minutos.

3. Mientras tanto, en otro tazón poco profundo, mezcle la harina, la maicena, el tomillo y el pimentón.

4. En un tazón pequeño, bata la clara de huevo y el aceite de oliva. Revuelva rápidamente esta mezcla de huevo

en la mezcla de harina para que los ingredientes secos se humedezcan uniformemente.

5. Retire el pollo del suero de leche y sacuda el exceso de líquido. Sumerja cada trozo de pollo en la mezcla de harina para cubrirlo.

6. Fríe el pollo al aire en la sartén perforada del horno de la freidora durante 17 a 23 minutos, o hasta que el pollo alcance una temperatura interna de 165ºF (74ºC) en un termómetro para carnes. Servir inmediatamente.

Pollo al apio

Tiempo de preparación: 10 minutos | Tiempo de cocción: 15 minutos | Para 4 personas

½ taza de salsa de soja

2 cucharadas de salsa hoisin

4 cucharaditas de ajo picado

1 cucharadita de pimienta negra recién molida

8 solomillos de pollo deshuesados y sin piel

1 taza de apio picado

1 pimiento rojo mediano, cortado en cubitos

Spray para cocinar

1. Ajuste la temperatura del horno de la freidora a 375ºF (191ºC). Presione Iniciar para comenzar a precalentar. Rocíe ligeramente la sartén perforada del horno de la freidora con aceite de oliva en aerosol.

2. En un tazón grande, mezcle la salsa de soja, la salsa hoisin, el ajo y la pimienta negra para hacer una marinada. Agregue el pollo, el apio y el pimiento y revuelva para cubrir.

3. Sacuda el exceso de adobo del pollo, colóquelo junto con las verduras en la sartén perforada del horno de la freidora y rocíe ligeramente con aceite en aerosol. Es posible que deba cocinarlos en lotes. Reserva el adobo restante.

4. Freír al aire durante 8 minutos. Dale la vuelta al pollo y úntalo con un poco de la marinada restante. Fríe al aire por 5 a 7 minutos más, o hasta que el pollo alcance una temperatura interna de al menos 165ºF (74ºC). Atender.

Tacos de pollo con queso

Tiempo de preparación: 10 minutos | Tiempo de cocción: 12 a 16 minutos | Sirve de 2 a 4

1 cucharadita de chile en polvo

½ cucharadita de comino molido

½ cucharadita de ajo en polvo

Sal y pimienta para probar

Pizca de pimienta de cayena

1 libra (454 g) de muslos de pollo deshuesados y sin piel, recortados

1 cucharadita de aceite vegetal

1 tomate, sin corazón y picado

2 cucharadas de cebolla morada finamente picada

2 cucharaditas de chile jalapeño picado

1½ cucharaditas de jugo de lima

6 a 12 tortillas de maíz (6 pulgadas), calientes

1 taza de lechuga iceberg rallada

85 g (3 onzas) de queso cheddar, rallado (¾ taza)

1. Fije la temperatura del horno de la freidora a 400ºF (204ºC). Presione Iniciar para comenzar a precalentar.

2. Combine el chile en polvo, el comino, el ajo en polvo, ½ cucharadita de sal, ¼ de cucharadita de pimienta y la pimienta de cayena en un tazón. Seque el pollo con toallas de papel, frote con aceite y espolvoree uniformemente con la mezcla de especias. Coloque el pollo en una sartén perforada para horno de freidora. Fríe al aire hasta que el pollo registre 165ºF (74ºC), de 12 a 16 minutos, volteando el pollo a la mitad de la cocción.

3. Mientras tanto, combine el tomate, la cebolla, el jalapeño y el jugo de limón en un tazón; sazone con sal y pimienta al gusto y reserve hasta que esté listo para servir.

4. Transfiera el pollo a una tabla de cortar, déjelo enfriar un poco y luego triture en trozos pequeños con 2 tenedores. Sirva el pollo sobre tortillas calientes, cubiertas con salsa, lechuga y queso cheddar.

Fajitas de pollo y verduras

Tiempo de preparación: 15 minutos | Tiempo de cocción: 23 minutos | Para 6

Pollo:

1 libra (454 g) de muslos de pollo deshuesados y sin piel, cortados transversalmente en tercios

1 cucharada de aceite vegetal

4½ cucharaditas de condimento para tacos

Verduras

1 taza de cebolla en rodajas

1 taza de pimiento morrón en rodajas

1 o 2 jalapeños, cortados en cuartos a lo largo

1 cucharada de aceite vegetal

½ cucharadita de sal kosher

½ cucharadita de comino molido

Para servir:

Tortillas

Crema agria

Queso rallado

Guacamole

Salsa

1. Ajuste la temperatura del horno de la freidora a 375ºF (191ºC). Presione Iniciar para comenzar a precalentar.

2. Para el pollo: En un tazón mediano, mezcle el pollo, el aceite vegetal y el condimento para tacos para cubrir.

3. Para las verduras: En un recipiente aparte, mezcle la cebolla, el pimiento morrón, los jalapeños, el aceite vegetal, la sal y el comino para cubrir.

4. Coloque el pollo en la sartén perforada del horno de la freidora. Freír al aire durante 10 minutos. Agregue las verduras a la sartén perforada, mezcle todo para mezclar los condimentos y fría por 13 minutos más. Use un termómetro para carnes para asegurarse de que el pollo haya alcanzado una temperatura interna de 165ºF (74ºC).

5. Transfiera el pollo y las verduras a una fuente para servir. Sirva con tortillas y las fajitas que desee.

Pollo manchuriano

Tiempo de preparación: 10 minutos | Tiempo de cocción: 20 minutos | 2 porciones

1 libra (454 g) de pechugas de pollo deshuesadas y sin piel, cortadas en trozos de 1 pulgada

¼ de taza de salsa de tomate

1 cucharada de salsa de chile a base de tomate, como Heinz

1 cucharada de salsa de soja

1 cucharada de vinagre de arroz

2 cucharaditas de aceite vegetal

1 cucharadita de salsa picante, como Tabasco

½ cucharadita de ajo en polvo

¼ de cucharadita de pimienta de cayena

2 cebolletas, en rodajas finas

Arroz blanco cocido, para servir

1. Ajuste la temperatura del horno de la freidora a 350ºF (177ºC). Presione Iniciar para comenzar a precalentar.

2. En un tazón, combine el pollo, la salsa de tomate, la salsa de chile, la salsa de soja, el vinagre, el aceite, la salsa picante, el ajo en polvo, la pimienta de cayena y las tres cuartas partes de las cebolletas y mezcle hasta que estén cubiertas uniformemente.

3. Raspe el pollo y la salsa en un molde para pasteles de metal y coloque el molde en el horno de la freidora. Hornee hasta que el pollo esté bien cocido y la salsa se reduzca a un glaseado espeso, aproximadamente 20 minutos, volteando los trozos de pollo a la mitad.

4. Retire la sartén del horno freidora. Vierta el pollo y la salsa sobre el arroz y cubra con las cebolletas restantes. Servir inmediatamente.

Pollo al curry con miel y naranja

Tiempo de preparación: 10 minutos | Tiempo de cocción: 16 a 19 minutos | Para 4 personas

¾ de libra (340 g) de muslos de pollo deshuesados y sin piel, cortados en trozos de 1 pulgada

1 pimiento amarillo, cortado en trozos de 1½ pulgada

1 cebolla morada pequeña, en rodajas

Aceite de oliva para nebulizar

¼ taza de caldo de pollo

2 cucharadas de miel

¼ de taza de jugo de naranja

1 cucharada de maicena

2 a 3 cucharaditas de curry en polvo

1. Fije la temperatura del horno de la freidora a 370ºF (188ºC). Presione Iniciar para comenzar a precalentar.

2. Coloque los muslos de pollo, el pimiento y la cebolla morada en la sartén perforada del horno de la freidora y rocíe con aceite de oliva.

3. Ase durante 12 a 14 minutos o hasta que el pollo esté cocido a 165ºF (74ºC), agitando la sartén perforada a la mitad del tiempo de cocción.

4. Retire el pollo y las verduras de la sartén perforada del horno de la freidora y reserve.

5. En un tazón de metal, combine el caldo, la miel, el jugo de naranja, la maicena y el curry en polvo, y mezcle bien. Agrega el pollo y las verduras, revuelve y mete el bol en el horno.

6. Ase por 2 minutos. Retire y revuelva, luego ase durante 2 a 3 minutos o hasta que la salsa esté espesa y burbujeante.

7. Sirva caliente.

Tiras de pollo al eneldo

Tiempo de preparación: 15 minutos | Tiempo de cocción: 10 minutos | Para 4 personas

2 pechugas de pollo enteras, deshuesadas y sin piel, cortadas por la mitad a lo largo

1 taza de aderezo italiano

3 tazas de papas fritas finamente trituradas

1 cucharada de eneldo seco

1 cucharada de ajo en polvo

1 huevo grande, batido

Spray para cocinar

1. En una bolsa grande con cierre, combine el pollo y el aderezo italiano. Selle la bolsa y refrigere para marinar al menos 1 hora.

2. En un plato poco profundo, mezcle las papas fritas, el eneldo y el ajo en polvo. Coloque el huevo batido en un segundo plato poco profundo.

3. Retire el pollo de la marinada. Enrolle los trozos de pollo en el huevo y la mezcla de papas fritas, cubriendo bien.

4. Ajuste la temperatura del horno de la freidora a 325ºF (163ºC). Presione Iniciar para comenzar a precalentar.

Cubra la bandeja perforada del horno de la freidora con papel pergamino.

5. Coloque el pollo recubierto sobre el pergamino y rocíe con aceite en aerosol.

6. Hornea por 5 minutos. Voltee el pollo, rocíe con aceite en aerosol y hornee por 5 minutos más hasta que el exterior esté crujiente y el interior ya no esté rosado. Servir inmediatamente.

Albóndigas de pavo asiáticas fáciles

Tiempo de preparación: 10 minutos | Tiempo de cocción: 11 a 14 minutos | Para 4 personas

2 cucharadas de aceite de maní, divididas

1 cebolla pequeña picada

¼ de taza de castañas de agua, finamente picadas

½ cucharadita de jengibre molido

2 cucharadas de salsa de soja baja en sodio

¼ de taza de pan rallado panko

1 huevo batido

454 g (1 libra) de pavo molido

1. Fije la temperatura del horno de la freidora a 400ºF
   (204ºC). Presione Iniciar para comenzar a precalentar.

2. En una sartén redonda de metal, combine 1 cucharada
   de aceite de maní y cebolla. Freír al aire durante 1 a 2
   minutos o hasta que estén crujientes y tiernos.
   Transfiera la cebolla a un tazón mediano.

3. Agregue las castañas de agua, el jengibre molido, la
   salsa de soja y el pan rallado a la cebolla y mezcle bien.
   Agregue el huevo y revuelva bien. Mezcle el pavo
   molido hasta que esté combinado.

4. Forme la mezcla en albóndigas de 1 pulgada. Rocíe la
   cucharada restante de aceite sobre las albóndigas.

5. Hornea las albóndigas en la sartén en lotes durante 10
   a 12 minutos o hasta que estén a 165ºF (74ºC) en un
   termómetro para carnes. Descanse durante 5 minutos
   antes de servir.

Pollo Tandoori Fácil

Tiempo de preparación: 5 minutos | Tiempo de cocción: 18 a 23 minutos | Para 4 personas

$^2/_3$ taza de yogur natural bajo en grasa

2 cucharadas de jugo de limón recién exprimido

2 cucharaditas de curry en polvo

½ cucharadita de canela molida

2 dientes de ajo picados

2 cucharaditas de aceite de oliva

4 pechugas de pollo deshuesadas y sin piel (5 onzas / 142 g) bajas en sodio

1. En un tazón mediano, bata el yogur, el jugo de limón, el curry en polvo, la canela, el ajo y el aceite de oliva.

2. Con un cuchillo afilado, corte cortes finos en el pollo. Agréguelo a la mezcla de yogur y dé vuelta para cubrir. Deje reposar durante 10 minutos a temperatura ambiente. También puede preparar esto con anticipación y marinar el pollo en el refrigerador hasta por 24 horas.

3. Ajuste la temperatura del horno de la freidora a 360ºF (182ºC). Presione Iniciar para comenzar a precalentar.

4. Retire el pollo de la marinada y sacuda el exceso de líquido. Deseche cualquier adobo restante.

5. Ase el pollo durante 10 minutos. Con unas tenazas, voltee con cuidado cada pieza. Ase por 8 a 13 minutos más, o hasta que el pollo alcance una temperatura interna de 165ºF (74ºC) en un termómetro para carnes. Servir inmediatamente.

Tiras de pollo crujiente

Tiempo de preparación: 15 minutos | Tiempo de cocción: 20 minutos | Para 4 personas

1 cucharada de aceite de oliva

1 libra (454 g) de solomillos de pollo deshuesados y sin piel

1 cucharadita de sal

½ cucharadita de pimienta negra recién molida

½ cucharadita de pimentón

½ cucharadita de ajo en polvo

½ taza de pan rallado integral sazonado

1 cucharadita de perejil seco

Spray para cocinar

1. Fije la temperatura del horno de la freidora a 370ºF (188ºC). Presione Iniciar para comenzar a precalentar. Rocíe ligeramente la sartén perforada del horno de la freidora con aceite en aerosol.

2. En un tazón mediano, mezcle el pollo con sal, pimienta, pimentón y ajo en polvo hasta que esté uniformemente cubierto.

3. Agregue el aceite de oliva y revuelva para cubrir el pollo uniformemente.

4. En un tazón poco profundo aparte, mezcle el pan rallado y el perejil.

5. Cubra cada trozo de pollo de manera uniforme con la mezcla de pan rallado.

6. Coloque el pollo en la sartén perforada del horno de la freidora en una sola capa y rocíelo ligeramente con aceite en aerosol. Es posible que deba cocinarlos en lotes.

7. Freír al aire durante 10 minutos. Dale la vuelta al pollo, rocíalo ligeramente con aceite en aerosol y fríelo al aire durante 8 a 10 minutos más, hasta que se dore. Atender.

Tiras de pollo fajita

Tiempo de preparación: 10 minutos | Tiempo de cocción: 15 minutos | Para 4 personas

1 libra (454 g) de solomillos de pollo deshuesados y sin piel, cortados en tiras

3 pimientos morrones, de cualquier color, cortados en trozos

1 cebolla cortada en trozos

1 cucharada de aceite de oliva, y más para rociar

1 cucharada de mezcla de condimentos para fajitas

Spray para cocinar

1. Fije la temperatura del horno de la freidora a 370ºF (188ºC). Presione Iniciar para comenzar a precalentar.

2. En un tazón grande, mezcle el pollo, los pimientos, la cebolla, el aceite de oliva y la mezcla de condimentos para fajitas hasta que estén completamente cubiertos.

3. Rocíe ligeramente la sartén perforada del horno de la freidora con aceite en aerosol.

4. Coloque el pollo y las verduras en la sartén perforada del horno de la freidora y rocíe ligeramente con aceite en aerosol.

5. Freír al aire durante 7 minutos. Agita la sartén perforada y fríe al aire durante 5 a 8 minutos más,

hasta que el pollo esté bien cocido y las verduras comiencen a carbonizarse.

6. Sirva caliente.

Taquitos de pollo frito de búfalo

Tiempo de preparación: 15 minutos | Tiempo de cocción: 5 a 10 minutos | Para 6

8 onzas (227 g) de queso crema sin grasa, ablandado

⅛ taza de salsa Buffalo

2 tazas de pollo cocido desmenuzado

12 tortillas de harina bajas en carbohidratos (7 pulgadas)

Spray para cocinar

1. Ajuste la temperatura del horno de la freidora a 360ºF (182ºC). Presione Iniciar para comenzar a precalentar. Rocíe ligeramente la sartén perforada del horno de la freidora con aceite en aerosol.

2. En un tazón grande, mezcle el queso crema y la salsa Buffalo hasta que estén bien combinados. Agregue el pollo y revuelva hasta que esté combinado.

3. Coloque las tortillas en un lugar de trabajo limpio. Coloque de 2 a 3 cucharadas de la mezcla de pollo en una línea delgada en el centro de cada tortilla. Enrolla las tortillas.

4. Coloque las tortillas en la sartén perforada del horno de la freidora, con la costura hacia abajo. Rocíe cada tortilla ligeramente con aceite en aerosol. Es posible que deba cocinar los taquitos en tandas.

5. Freír al aire hasta que estén doradas, de 5 a 10 minutos. Servir caliente.

Muslos de pollo con ajo y soja

Tiempo de preparación: 10 minutos | Tiempo de cocción: 30 minutos | Sirve de 1 a 2

2 cucharadas de caldo de pollo

2 cucharadas de salsa de soja reducida en sodio

1½ cucharada de azúcar

4 dientes de ajo, machacados y pelados

2 cebolletas grandes, cortadas en bastones de 2 a 3 pulgadas, y más, en rodajas finas, para decorar

2 muslos de pollo con hueso y piel (7 a 8 onzas / 198 a 227 g cada uno)

1. Ajuste la temperatura del horno de la freidora a 375ºF (191ºC). Presione Iniciar para comenzar a precalentar.

2. En un molde para pasteles de metal, combine el caldo de pollo, la salsa de soja y el azúcar y revuelva hasta que el azúcar se disuelva. Agregue los dientes de ajo, las cebolletas y los muslos de pollo, girando los muslos para cubrirlos con la marinada, luego colóquelos con la piel hacia arriba. Coloque la sartén en el horno de la freidora y hornee, volteando los muslos cada 5 minutos después de los primeros 10 minutos, hasta que el pollo esté bien cocido y la marinada se reduzca a un glaseado pegajoso sobre el pollo, aproximadamente 30 minutos.

3. Retire la sartén del horno de la freidora y sirva los muslos de pollo tibios, con el glaseado restante encima y espolvoreado con más cebolletas en rodajas.

Muslos de pollo al jengibre

Tiempo de preparación: 10 minutos | Tiempo de cocción: 10 minutos | Para 4 personas

¼ de taza de jengibre fresco pelado en juliana

2 cucharadas de aceite vegetal

1 cucharada de miel

1 cucharada de salsa de soja

1 cucharada de salsa de tomate

1 cucharadita de garam masala

1 cucharadita de cúrcuma molida

¼ de cucharadita de sal kosher

½ cucharadita de pimienta de cayena

Spray de aceite vegetal

1 libra (454 g) de muslos de pollo deshuesados y sin piel, cortados transversalmente en tercios

¼ taza de cilantro fresco picado, para decorar

1. En un tazón pequeño, combine el jengibre, el aceite, la
    miel, la salsa de soja, la salsa de tomate, el garam
    masala, la cúrcuma, la sal y la pimienta de cayena. Batir
    hasta que esté bien combinado. Coloque el pollo en una
    bolsa de plástico con cierre y vierta la marinada. Selle
    la bolsa y masajee para cubrir todo el pollo con la
    marinada. Deje marinar a temperatura ambiente
    durante 30 minutos o en el refrigerador hasta por 24
    horas.

2. Ajuste la temperatura del horno de la freidora a 350ºF
    (177ºC). Presione Iniciar para comenzar a precalentar.

3. Rocíe la sartén perforada del horno de la freidora con
    aceite vegetal en aerosol y agregue el pollo y la mayor
    cantidad posible de adobo y jengibre en juliana. Hornea
    por 10 minutos. Use un termómetro para carnes para
    asegurarse de que el pollo haya alcanzado una
    temperatura interna de 165ºF (74ºC).

4. Para servir, decore con cilantro.

Muslos de pollo glaseados

Tiempo de preparación: 5 minutos | Tiempo de cocción: 20 minutos | 2 porciones

4 muslos de pollo

3 cucharadas de salsa de soja

2 cucharadas de azúcar morena

1 cucharadita de ajo picado

1 cucharadita de jengibre fresco picado

1 cucharadita de aceite de sésamo tostado

½ cucharadita de hojuelas de pimiento rojo

½ cucharadita de sal kosher

½ cucharadita de pimienta negra

1. Fije la temperatura del horno de la freidora a 400ºF
    (204ºC). Presione Iniciar para comenzar a precalentar.

2. Cubra una bandeja para hornear redonda con papel de
    aluminio. (Si no hace esto, terminará fregando para
    siempre o tirando la sartén). Coloque las baquetas en la
    sartén preparada.

3. En un tazón mediano, mezcle la salsa de soja, el azúcar
    morena, el ajo, el jengibre, el aceite de sésamo, las
    hojuelas de pimiento rojo, la sal y la pimienta negra.
    Vierta la salsa sobre las baquetas y revuelva para
    cubrir.

4. Coloque la sartén en el horno freidora. Fríe al aire
    durante 20 minutos, girando las baquetas a la mitad del
    tiempo de cocción. Use un termómetro para carnes
    para asegurarse de que el pollo haya alcanzado una
    temperatura interna de 165ºF (74ºC). Servir
    inmediatamente.

Pollo Tropical Hawaiano

Tiempo de preparación: 10 minutos | Tiempo de cocción: 15 minutos | Para 4 personas

4 muslos de pollo deshuesados y sin piel (aproximadamente 1½ libras / 680 g)

1 lata (8 onzas / 227 g) de trozos de piña en jugo, escurridos, reserva ¼ de taza de jugo

¼ taza de salsa de soja

¼ de taza) de azúcar

2 cucharadas de salsa de tomate

1 cucharada de jengibre fresco picado

1 cucharada de ajo picado

¼ de taza de cebolletas picadas

1. Use un tenedor para perforar el pollo por todas partes para permitir que la marinada penetre mejor. Coloque el pollo en un tazón grande o en una bolsa plástica grande con cierre.

2. Deje a un lado los trozos de piña escurridos. En un tazón pequeño apto para microondas, combine el jugo de piña, la salsa de soja, el azúcar, la salsa de tomate, el jengibre y el ajo. Vierta la mitad de la salsa sobre el pollo; revuelva para cubrir. Reserva la salsa restante. Deje marinar el pollo a temperatura ambiente durante 30 minutos o cúbralo y refrigérelo hasta por 24 horas.

3. Ajuste la temperatura del horno de la freidora a 350ºF (177ºC). Presione Iniciar para comenzar a precalentar.

4. Coloque el pollo en la sartén perforada del horno freidora, desechando la marinada. Hornee por 15 minutos, volteando a la mitad del tiempo de cocción.

5. Mientras tanto, cocine en el microondas la salsa reservada a temperatura alta durante 45 a 60 segundos, revolviendo cada 15 segundos, hasta que la salsa tenga la consistencia de un glaseado espeso.

6. Al final del tiempo de cocción, use un termómetro para carnes para asegurarse de que el pollo haya alcanzado una temperatura interna de 165ºF (74ºC).

7. Transfiera el pollo a una fuente para servir. Vierta la salsa sobre el pollo. Adorne con los trozos de piña y las cebolletas antes de servir.

Pechuga De Pollo Con Suero De Hierbas

Tiempo de preparación: 5 minutos | Tiempo de cocción: 40 minutos | 2 porciones

1 pechuga de pollo grande con hueso y piel

1 taza de suero de leche

1½ cucharaditas de perejil seco

1½ cucharaditas de cebollino seco

¾ cucharadita de sal kosher

½ cucharadita de eneldo seco

½ cucharadita de cebolla en polvo

¼ de cucharadita de ajo en polvo

¼ de cucharadita de estragón seco

Spray para cocinar

1. Coloque la pechuga de pollo en un tazón y vierta sobre el suero de leche, volteando el pollo para asegurarse de que esté completamente cubierto. Deje reposar el pollo a temperatura ambiente durante al menos 20 minutos o en el refrigerador hasta por 4 horas.

2. Mientras tanto, en un tazón, mezcle el perejil, las cebolletas, la sal, el eneldo, la cebolla en polvo, el ajo en polvo y el estragón.

3. Ajuste la temperatura del horno de la freidora a 300ºF (149ºC). Presione Iniciar para comenzar a precalentar.

4. Retire el pollo del suero de leche, dejando que el exceso se escurra, luego coloque el pollo con la piel hacia arriba directamente en el horno de la freidora. Espolvoree la mezcla de condimentos por toda la parte superior de la pechuga de pollo, luego déjela reposar hasta que la mezcla de hierbas se empape con el suero de leche, al menos 5 minutos.

5. Rocíe la parte superior del pollo con aceite en aerosol. Hornee por 10 minutos, luego aumente la temperatura a 350ºF (177ºC) y hornee hasta que un termómetro de lectura instantánea insertado en la parte más gruesa de la pechuga indique 160ºF (71ºC) y el pollo esté dorado intenso, de 30 a 35 minutos.

6. Transfiera la pechuga de pollo a una tabla de cortar, déjela reposar durante 10 minutos, luego corte la carne del hueso y córtela en rodajas gruesas para servir.

Pechuga De Pavo Con Hierbas

Tiempo de preparación: 20 minutos | Tiempo de cocción: 45 minutos | Para 6

1 cucharada de aceite de oliva

Spray para cocinar

2 dientes de ajo picados

2 cucharaditas de mostaza de Dijon

1½ cucharaditas de romero

1½ cucharaditas de salvia

1½ cucharaditas de tomillo

1 cucharadita de sal

½ cucharadita de pimienta negra recién molida

3 libras (1,4 kg) de pechuga de pavo, descongelada si está congelada

1. Fije la temperatura del horno de la freidora a 370ºF (188ºC). Presione Iniciar para comenzar a precalentar. Rocíe ligeramente la sartén perforada del horno de la freidora con aceite en aerosol.

2. En un tazón pequeño, mezcle el ajo, el aceite de oliva, la mostaza de Dijon, el romero, la salvia, el tomillo, la sal y la pimienta para hacer una pasta. Unte la pasta por toda la pechuga de pavo.

3. Coloque la pechuga de pavo en la sartén perforada del horno de la freidora. Freír al aire durante 20 minutos. Voltee la pechuga de pavo y rocíela con la grasa que se haya acumulado en el cajón inferior del horno de la freidora. Fríe al aire hasta que la temperatura interna de la carne alcance al menos 170ºF (77ºC), 20 minutos más.

4. Si lo desea, aumente la temperatura a 400 ° F (204 ° C), dé la vuelta a la pechuga de pavo una última vez y fríalo al aire durante 5 minutos para obtener un exterior crujiente.

5. Deje reposar el pavo durante 10 minutos antes de cortarlo y servirlo.

Pollo con miel y romero

Tiempo de preparación: 10 minutos | Tiempo de cocción: 20 minutos | Para 4 personas

¼ taza de vinagre balsámico

¼ de taza de miel

2 cucharadas de aceite de oliva

1 cucharada de hojas de romero secas

1 cucharadita de sal

½ cucharadita de pimienta negra recién molida

2 pechugas de pollo enteras, deshuesadas y sin piel (aproximadamente 1 libra / 454 g cada una), cortadas por la mitad

Spray para cocinar

1. En una bolsa grande con cierre, combine el vinagre, la
    miel, el aceite de oliva, el romero, la sal y la pimienta.
    Agregue los trozos de pollo, selle la bolsa y refrigere
    para marinar durante al menos 2 horas.

2. Ajuste la temperatura del horno de la freidora a 325ºF
    (163ºC). Presione Iniciar para comenzar a precalentar.
    Cubra la bandeja perforada del horno de la freidora con
    papel pergamino.

3. Retire el pollo de la marinada y colóquelo en el
    pergamino. Rocíe con aceite en aerosol.

4. Hornea por 10 minutos. Voltee el pollo, rocíe con aceite
    en aerosol y hornee por 10 minutos más hasta que la
    temperatura interna alcance 165ºF (74ºC) y el pollo ya
    no esté rosado por dentro. Deje reposar durante 5
    minutos antes de servir.

Schnitzel de pollo israelí

Tiempo de preparación: 5 minutos | Tiempo de cocción: 10 minutos | Para 4 personas

2 pechugas de pollo grandes, deshuesadas y sin piel, cada una con un peso aproximado de 1 libra (454 g)

1 taza de harina para todo uso

2 cucharaditas de ajo en polvo

2 cucharaditas de sal kosher

1 cucharadita de pimienta negra

1 cucharadita de pimentón

2 huevos batidos con 2 cucharadas de agua

2 tazas de pan rallado panko

Spray de aceite vegetal

Jugo de limón, para servir

1. Ajuste la temperatura del horno de la freidora a 375ºF (191ºC). Presione Iniciar para comenzar a precalentar.

2. Coloque 1 pechuga de pollo entre 2 piezas de plástico para envolver. Use un mazo o un rodillo para machacar el pollo hasta que tenga un grosor de ¼ de pulgada. Dejar de lado. Repita con el segundo pecho. Batir la harina, el ajo en polvo, la sal, la pimienta y el pimentón

en un plato grande. Coloque el panko en un tazón poco profundo o en un plato para pastel aparte.

3. Escurra 1 pechuga de pollo en la harina, sacuda el exceso y luego sumérjala en la mezcla de huevo. Drague la pechuga de pollo en el panko, asegurándose de cubrirlo por completo. Sacuda cualquier exceso de panko. Coloque la pechuga de pollo rebozada en un plato. Repita con la segunda pechuga de pollo.

4. Rocíe la sartén perforada del horno de la freidora con aceite en aerosol. Coloque 1 de las pechugas de pollo rebozadas en la sartén perforada y rocíe la parte superior con aceite en aerosol. Fríe al aire hasta que la parte superior esté dorada, aproximadamente 5 minutos. Dale la vuelta al pollo y rocía el segundo lado con aceite en aerosol. Fríe al aire hasta que el segundo lado esté dorado y crujiente y la temperatura interna alcance los 165ºF (74ºC). Retire la primera pechuga de pollo del horno de la freidora y repita con la segunda pechuga de pollo.

5. Sirva caliente con jugo de limón.

Cuartos de pierna de pollo Jerk

Tiempo de preparación: 8 minutos | Tiempo de cocción: 27 minutos | 2 porciones

1 cucharada de azúcar morena compacta

1 cucharadita de pimienta gorda molida

1 cucharadita de pimienta

1 cucharadita de ajo en polvo

¾ cucharadita de mostaza seca

¾ cucharadita de tomillo seco

½ cucharadita de sal

¼ de cucharadita de pimienta de cayena

2 (10 onzas / 284 g) cuartos de pierna de pollo, recortados

1 cucharadita de aceite vegetal

1 cebollín, solo la parte verde, en rodajas finas

Rodajas de limón

1. Fije la temperatura del horno de la freidora a 400ºF
    (204ºC). Presione Iniciar para comenzar a precalentar.

2. Combine el azúcar, la pimienta de Jamaica, la pimienta,
    el ajo en polvo, la mostaza, el tomillo, la sal y la
    pimienta de cayena en un tazón. Seque el pollo con
    toallas de papel. Con una brocheta de metal, haga de 10
    a 15 agujeros en la piel de cada pierna de pollo. Frote
    con aceite y espolvoree uniformemente con la mezcla
    de especias.

3. Coloque el pollo con la piel hacia arriba en la sartén
    perforada del horno de la freidora, espaciados
    uniformemente. Fríe al aire hasta que el pollo esté bien
    dorado y crujiente, de 27 a 30 minutos, girando el pollo
    a la mitad de la cocción (no voltee).

4. Transfiera el pollo a un plato, cúbralo sin apretar con
    papel de aluminio y déjelo reposar durante 5 minutos.
    Espolvorea con cebolleta. Sirve con rodajas de lima.

Ensalada de pollo al limón y espinacas

Tiempo de preparación: 10 minutos | Tiempo de cocción: 16 a 20 minutos | Para 4 personas

3 (5 onzas / 142 g) de pechugas de pollo deshuesadas y sin piel bajas en sodio, cortadas en cubos de 1 pulgada

5 cucharaditas de aceite de oliva

½ cucharadita de tomillo seco

1 cebolla morada mediana, rebanada

1 pimiento rojo cortado en rodajas

1 calabacín pequeño, cortado en tiras

3 cucharadas de jugo de limón recién exprimido

6 tazas de espinacas tiernas frescas

1. Fije la temperatura del horno de la freidora a 400ºF (204ºC). Presione Iniciar para comenzar a precalentar.

2. En un tazón grande, mezcle el pollo con el aceite de oliva y el tomillo. Mezcle para cubrir. Transfiera a un tazón mediano de metal y ase durante 8 minutos en el horno freidora.

3. Agregue la cebolla roja, el pimiento rojo y el calabacín. Ase durante 8 a 12 minutos más, revolviendo una vez durante la cocción, o hasta que el pollo alcance una temperatura interna de 165ºF (74ºC) en un termómetro para carnes.

4. Retire el tazón del horno de la freidora y agregue el jugo de limón.

5. Coloque las espinacas en un tazón para servir y cubra con la mezcla de pollo. Mezcle para combinar y sirva inmediatamente.

Pollo con ajo y limón

Tiempo de preparación: 10 minutos | Tiempo de cocción: 16 a 19 minutos | Para 4 personas

4 pechugas de pollo deshuesadas y sin piel (5 onzas / 142 g) bajas en sodio, cortadas en tiras de 4 por ½ pulgada

2 cucharaditas de aceite de oliva

2 cucharadas de maicena

3 dientes de ajo picados

½ taza de caldo de pollo bajo en sodio

¼ de taza de jugo de limón recién exprimido

1 cucharada de miel

½ cucharadita de tomillo seco

1. Fije la temperatura del horno de la freidora a 400ºF
   (204ºC). Presione Iniciar para comenzar a precalentar.

2. En un tazón grande, mezcle el pollo y el aceite de oliva.
   Espolvorea con la maicena. Mezcle para cubrir.

3. Agregue el ajo y transfiera a una sartén de metal.
   Hornee en el horno freidora durante 10 minutos,
   revolviendo una vez durante la cocción.

4. Agregue el caldo de pollo, el jugo de limón, la miel y el
   tomillo a la mezcla de pollo. Hornee de 6 a 9 minutos
   más, o hasta que la salsa esté ligeramente espesa y el
   pollo alcance una temperatura interna de 165ºF (74ºC)
   en un termómetro para carnes. Sirva sobre arroz
   integral cocido caliente, si lo desea.

Pollo al limón y parmesano

Tiempo de preparación: 10 minutos | Tiempo de cocción: 20 minutos | Para 4 personas

1 huevo

2 cucharadas de jugo de limón

2 cucharaditas de ajo picado

½ cucharadita de sal

½ cucharadita de pimienta negra recién molida

4 pechugas de pollo deshuesadas y sin piel, cortadas finas

Spray para cocinar

½ taza de pan rallado integral

¼ taza de queso parmesano rallado

1. En un tazón mediano, mezcle el huevo, el jugo de limón, el ajo, la sal y la pimienta. Agregue las pechugas de pollo, cubra y refrigere hasta por 1 hora.

2. En un tazón poco profundo, combine el pan rallado y el queso parmesano.

3. Ajuste la temperatura del horno de la freidora a 360ºF (182ºC). Presione Iniciar para comenzar a precalentar. Rocíe ligeramente la sartén perforada del horno de la freidora con aceite en aerosol.

4. Retire las pechugas de pollo de la mezcla de huevo, luego draguelas en la mezcla de pan rallado y colóquelas en la sartén perforada del horno de la freidora en una sola capa. Rocíe ligeramente las pechugas de pollo con aceite en aerosol. Es posible que deba cocinar el pollo en tandas.

5. Freír al aire durante 8 minutos. Dale la vuelta al pollo, rocía ligeramente con aceite en aerosol y fríelo al aire hasta que el pollo alcance una temperatura interna de 165ºF (74ºC), durante 7 a 12 minutos más.

6. Sirva caliente.

Pollo con mayonesa y mostaza

Tiempo de preparación: 10 minutos | Tiempo de cocción: 15 minutos | Para 4 personas

6 cucharadas de mayonesa

2 cucharadas de mostaza molida gruesa

2 cucharaditas de miel (opcional)

2 cucharaditas de curry en polvo

1 cucharadita de sal kosher

1 cucharadita de pimienta de cayena

454 g (1 libra) de filetes de pollo

1. Ajuste la temperatura del horno de la freidora a 350ºF (177ºC). Presione Iniciar para comenzar a precalentar.

2. En un tazón grande, mezcle la mayonesa, la mostaza, la miel (si se usa), el curry en polvo, la sal y la pimienta de cayena. Transfiera la mitad de la mezcla a un tazón para servir para servir como salsa para mojar. Agregue los filetes de pollo al tazón grande y mezcle hasta que estén bien cubiertos.

3. Coloca los tizones en la sartén perforada del horno
    freidora y hornea por 15 minutos. Use un termómetro
    para carnes para asegurarse de que el pollo haya
    alcanzado una temperatura interna de 165ºF (74ºC).

4. Sirve el pollo con la salsa para mojar.

Albóndigas Merguez

Tiempo de preparación: 10 minutos | Tiempo de cocción: 10 minutos | Para 4 personas

454 g (1 libra) de pollo molido

2 dientes de ajo finamente picados

1 cucharada de pimentón dulce húngaro

1 cucharadita de sal kosher

1 cucharadita de azucar

1 cucharadita de comino molido

½ cucharadita de pimienta negra

½ cucharadita de hinojo molido

½ cucharadita de cilantro molido

½ cucharadita de pimienta de cayena

¼ de cucharadita de pimienta gorda molida

1. En un tazón grande, mezcle suavemente el pollo, el ajo,
   el pimentón, la sal, el azúcar, el comino, la pimienta
   negra, el hinojo, el cilantro, la pimienta de cayena y la
   pimienta de Jamaica hasta incorporar todos los
   ingredientes. Deje reposar durante 30 minutos a
   temperatura ambiente, o cubra y refrigere hasta por 24
   horas.

2. Fije la temperatura del horno de la freidora a 400ºF
   (204ºC). Presione Iniciar para comenzar a precalentar.

3. Forma 16 albóndigas con la mezcla. Colóquelos en una
   sola capa en la sartén perforada del horno de la
   freidora. Fríe al aire durante 10 minutos, volteando las
   albóndigas a la mitad del tiempo de cocción. Utilice un
   termómetro para carnes para asegurarse de que las
   albóndigas hayan alcanzado una temperatura interna
   de 165ºF (74ºC).

4. Sirva caliente.

Mini Pastelitos de Carne de Pavo con Zanahoria

Tiempo de preparación: 6 minutos | Tiempo de cocción: 20 a 24 minutos | Para 4 personas

$^1/_3$ taza de cebolla picada

¼ taza de zanahoria rallada

2 dientes de ajo picados

2 cucharadas de almendras molidas

2 cucharaditas de aceite de oliva

1 cucharadita de mejorana seca

1 clara de huevo

¾ libra (340 g) de pechuga de pavo molida

1. Fije la temperatura del horno de la freidora a 400ºF (204ºC). Presione Iniciar para comenzar a precalentar.

2. En un tazón mediano, mezcle la cebolla, la zanahoria, el ajo, las almendras, el aceite de oliva, la mejorana y la clara de huevo.

3. Agrega el pavo molido. Con las manos, mezcle suave pero bien hasta que se combinen.

4. Doble 16 moldes de papel de aluminio para muffins para hacer 8 tazas. Divida la mezcla de pavo uniformemente entre los forros.

5. Hornee durante 20 a 24 minutos, o hasta que los panes de carne alcancen una temperatura interna de 165ºF (74ºC) en un termómetro para carnes. Servir inmediatamente.

Licitaciones de pollo con nueces

Tiempo de preparación: 5 minutos | Tiempo de cocción: 12 minutos | Para 4 personas

454 g (1 libra) de filetes de pollo

1 cucharadita de sal kosher

1 cucharadita de pimienta negra

½ cucharadita de pimentón ahumado

¼ de taza de mostaza gruesa

2 cucharadas de miel

1 taza de nueces pecanas finamente trituradas

1. Ajuste la temperatura del horno de la freidora a 350ºF
    (177ºC). Presione Iniciar para comenzar a precalentar.

2. Coloque el pollo en un tazón grande. Espolvorea con
    sal, pimienta y pimentón. Mezcle hasta que el pollo esté
    cubierto con las especias. Agregue la mostaza y la miel
    y revuelva hasta que el pollo esté cubierto.

3. Coloque las nueces en un plato. Trabajando con una
    pieza de pollo a la vez, enrolle el pollo en las nueces
    hasta que ambos lados estén cubiertos. Cepille
    ligeramente las nueces sueltas. Coloque el pollo en la
    sartén perforada del horno de la freidora.

4. Hornee por 12 minutos, o hasta que el pollo esté bien
    cocido y las nueces estén doradas.

5. Sirva caliente.

Pato Glaseado con Naranja y Miel con Manzanas

Tiempo de preparación: 5 minutos | Tiempo de cocción: 15 minutos | Sirve de 2 a 3

454 g (1 libra) de pechugas de pato (2 a 3 pechugas)

Sal y pimienta kosher, al gusto

Jugo y ralladura de 1 naranja

¼ de taza de miel

2 ramitas de tomillo, y más para decorar

2 manzanas agrias firmes, como Fuji

1. Fije la temperatura del horno de la freidora a 400ºF (204ºC). Presione Iniciar para comenzar a precalentar.

2. Seque las pechugas de pato y, con un cuchillo afilado, haga de 3 a 4 cortes diagonales poco profundos en la piel. Gire los senos y marque la piel en diagonal en la dirección opuesta para crear un patrón de trama cruzada. Sazone bien con sal y pimienta.

3. Coloque las pechugas de pato con la piel hacia arriba en la sartén perforada del horno de la freidora. Ase durante 8 minutos, luego voltee y ase durante 4 minutos más por el segundo lado.

4. Mientras se cocina el pato, prepare la salsa. Combine el jugo y la ralladura de naranja, la miel y el tomillo en

una cacerola pequeña. Deje hervir, revolviendo para disolver la miel, luego reduzca el fuego y cocine a fuego lento hasta que espese. Quita el corazón de las manzanas y córtalas en cuartos. Corta cada cuarto en 3 o 4 rodajas según el tamaño.

5. Después de que el pato se haya cocinado por ambos lados, dale la vuelta y unta la piel con el glaseado de naranja y miel. Ase por 1 minuto más. Retirar las pechugas de pato a una tabla de cortar y dejar reposar.

6. Mezcle las rodajas de manzana con la salsa de naranja y miel restante en un tazón mediano. Coloca las manzanas en una sola capa en la sartén perforada del horno de la freidora. Freír al aire durante 10 minutos mientras reposa la pechuga de pato. Cortar las pechugas de pato al bies y dividirlas junto con las manzanas en 2 o 3 platos.

7. Sirva caliente, adornado con tomillo adicional.

Pollo indio con pimentón y hinojo

Tiempo de preparación: 10 minutos | Tiempo de cocción: 15 minutos | Para 4 personas

1 libra (454 g) de muslos de pollo deshuesados y sin piel, cortados transversalmente en tercios

1 cebolla amarilla, cortada en rodajas de 1½ pulgada de grosor

1 cucharada de aceite de coco derretido

2 cucharaditas de jengibre fresco picado

2 cucharaditas de ajo picado

1 cucharadita de pimentón ahumado

1 cucharadita de hinojo molido

1 cucharadita de garam masala

1 cucharadita de cúrcuma molida

1 cucharadita de sal kosher

½ a 1 cucharadita de pimienta de cayena

Spray de aceite vegetal

2 cucharaditas de jugo de limón fresco

¼ taza de cilantro o perejil fresco picado

1. Use un tenedor para perforar el pollo por todas partes para permitir que la marinada penetre mejor.

2. En un tazón grande, combine la cebolla, el aceite de
    coco, el jengibre, el ajo, el pimentón, el hinojo, el garam
    masala, la cúrcuma, la sal y la pimienta de cayena.
    Agregue el pollo, mezcle para combinar y marinar a
    temperatura ambiente durante 30 minutos, o cubra y
    refrigere hasta por 24 horas.

3. Ajuste la temperatura del horno de la freidora a 350ºF
    (177ºC). Presione Iniciar para comenzar a precalentar.

4. Coloque el pollo y la cebolla en la sartén perforada del
    horno de la freidora. (Deseche la marinada restante).
    Rocíe con un poco de aceite vegetal en aerosol. Freír al
    aire durante 15 minutos. A la mitad del tiempo de
    cocción, retire la sartén perforada, rocíe el pollo y la
    cebolla con más aceite vegetal en aerosol y mezcle
    suavemente para cubrir. Al final del tiempo de cocción,
    use un termómetro para carnes para asegurarse de que
    el pollo haya alcanzado una temperatura interna de
    165ºF (74ºC).

5. Transfiera el pollo y la cebolla a una fuente para servir.
    Espolvorea con jugo de limón y cilantro y sirve.

Alitas De Pollo Parmesano

Tiempo de preparación: 15 minutos | Tiempo de cocción: 16 a 18 minutos | Para 4 personas

1¼ tazas de queso parmesano rallado

1 cucharada de ajo en polvo

1 cucharadita de sal

½ cucharadita de pimienta negra recién molida

¾ taza de harina para todo uso

1 huevo grande, batido

12 alitas de pollo (aproximadamente 1 libra / 454 g)

Spray para cocinar

1. Fije la temperatura del horno de la freidora a 390ºF (199ºC). Presione Iniciar para comenzar a precalentar. Cubra la bandeja perforada del horno de la freidora con papel pergamino.

2. En un tazón poco profundo, bata el queso parmesano, el ajo en polvo, la sal y la pimienta hasta que se mezclen. Coloque la harina en un segundo tazón poco profundo y el huevo batido en un tercer tazón poco profundo.

3. Una a la vez, sumerja las alitas de pollo en la harina, el huevo batido y la mezcla de queso parmesano, cubriendo bien.

4. Coloque las alitas de pollo en el pergamino y rocíe con aceite en aerosol.

5. Freír al aire durante 8 minutos. Dale la vuelta al pollo, rocíalo con aceite en aerosol y fríelo al aire durante 8 a 10 minutos más hasta que la temperatura interna alcance los 165ºF (74ºC) y el interior ya no esté rosado. Deje reposar durante 5 minutos antes de servir.

Chuletas de pavo con costra de nueces

Tiempo de preparación: 10 minutos | Tiempo de cocción: 10 a 12 minutos | Para 4 personas

¾ taza de pan rallado panko

¼ de cucharadita de sal

¼ de cucharadita de pimienta

¼ de cucharadita de mostaza seca

¼ de cucharadita de condimento para aves

½ taza de nueces

¼ taza de maicena

1 huevo batido

454 g (1 libra) de chuletas de pavo de ½ pulgada de grosor

Sal y pimienta para probar

Spray para cocinar

1. Ajuste la temperatura del horno de la freidora a 360ºF (182ºC). Presione Iniciar para comenzar a precalentar.

2. Coloque las migas de panko, la sal, la pimienta, la mostaza y el condimento para aves en un procesador de alimentos. Procese hasta que las migas estén finamente trituradas. Agregue las nueces y procese hasta que las nueces estén finamente picadas.

3. Coloque la maicena en un plato llano y el huevo batido en otro. Transfiera la mezcla de recubrimiento del procesador de alimentos a un tercer plato poco profundo.

4. Espolvoree las chuletas de pavo con sal y pimienta al gusto.

5. Sumerja las chuletas en maicena y sacuda el exceso, luego sumerja en huevo batido y finalmente enrolle en migas, presionando para cubrir bien. Rocíe ambos lados con aceite en aerosol.

6. Coloque 2 chuletas en una sartén perforada del horno de freidora en una sola capa y fría al aire durante 10 a 12 minutos. Repita con las chuletas restantes.

7. Sirva caliente.

Muslos De Pollo Piri-Piri

Tiempo de preparación: 5 minutos | Tiempo de cocción: 25 minutos | Para 4 personas

¼ taza de salsa piri-piri

1 cucharada de jugo de limón recién exprimido

2 cucharadas de azúcar morena, divididas

2 dientes de ajo picados

1 cucharada de aceite de oliva extra virgen

4 muslos de pollo con hueso y piel, cada uno con un peso aproximado de 7 a 8 onzas (198 a 227 g)

½ cucharadita de maicena

1. Para hacer la marinada, mezcle la salsa piri-piri, el jugo de limón, 1 cucharada de azúcar morena y el ajo en un tazón pequeño. Mientras bate, vierta lentamente el aceite en un flujo constante y continúe batiendo hasta que esté emulsionado. Con una brocheta, haga agujeros en los muslos de pollo y colóquelos en un plato de vidrio pequeño. Vierta la marinada sobre el pollo y voltee los muslos para cubrirlos con la salsa. Cubra el plato y refrigere durante al menos 15 minutos y hasta 1 hora.

2. Ajuste la temperatura del horno de la freidora a 375ºF (191ºC). Presione Iniciar para comenzar a precalentar.

Retire los muslos de pollo del plato, reservando la marinada y colóquelos con la piel hacia abajo en la sartén perforada del horno de la freidora. Fríe al aire hasta que la temperatura interna alcance los 165ºF (74ºC), de 15 a 20 minutos.

3. Mientras tanto, mezcle el azúcar morena restante y la maicena en la marinada y cocine en el microondas a alta potencia durante 1 minuto hasta que burbujee y espese hasta formar un glaseado.

4. Una vez que el pollo esté cocido, voltea los muslos y úntalos con el glaseado. Fríe al aire durante unos minutos más hasta que el glaseado se dore y comience a carbonizarse en algunos puntos.

5. Retire el pollo a una fuente y sírvalo con salsa piri-piri adicional, si lo desea.

Pollo en costra de queso y papa

Tiempo de preparación: 15 minutos | Tiempo de cocción: 22 a 25 minutos | Para 4 personas

¼ taza de suero de leche

1 huevo grande, batido

1 taza de hojuelas de papa instantáneas

¼ taza de queso parmesano rallado

1 cucharadita de sal

½ cucharadita de pimienta negra recién molida

2 pechugas de pollo enteras, deshuesadas y sin piel (aproximadamente 1 libra / 454 g cada una), cortadas por la mitad

Spray para cocinar

1. Ajuste la temperatura del horno de la freidora a 325ºF
    (163ºC). Presione Iniciar para comenzar a precalentar.
    Cubra la bandeja perforada del horno de la freidora con
    papel pergamino.

2. En un tazón poco profundo, bata el suero de leche y el
    huevo hasta que se mezclen. En otro tazón poco
    profundo, mezcle las hojuelas de papa, el queso, la sal y
    la pimienta.

3. Uno a la vez, sumerja los trozos de pollo en la mezcla de
    suero de leche y la mezcla de hojuelas de papa,
    cubriendo bien.

4. Coloque el pollo recubierto sobre el pergamino y rocíe
    con aceite en aerosol.

5. Hornea por 15 minutos. Voltea el pollo, rocía con aceite
    en aerosol y hornea de 7 a 10 minutos más hasta que el
    exterior esté crujiente y el interior ya no esté rosado.
    Servir inmediatamente.

Pavo Cajún Asado

Tiempo de preparación: 10 minutos | Tiempo de cocción: 30 minutos | Para 4 personas

2 libras (907 g) de muslos de pavo, sin piel y deshuesados

1 cebolla morada en rodajas

2 pimientos morrones, en rodajas

1 chile habanero, picado

1 zanahoria en rodajas

1 cucharada de mezcla de condimentos cajún

1 cucharada de salsa de pescado

2 tazas de caldo de pollo

Aceite en aerosol antiadherente

1. Ajuste la temperatura del horno de la freidora a 360ºF (182ºC). Presione Iniciar para comenzar a precalentar.

2. Rocíe el fondo y los lados de una fuente para hornear con aceite en aerosol antiadherente.

3. Coloca los muslos de pavo en la fuente para hornear. Agrega la cebolla, los pimientos y la zanahoria. Espolvorea con condimento cajún. Agrega la salsa de pescado y el caldo de pollo.

4. Ase en el horno freidora precalentado durante 30 minutos hasta que esté bien cocido. Sirva caliente.

Ensalada De Pollo Asado Y Verduras

Tiempo de preparación: 10 minutos | Tiempo de cocción: 10 a 13 minutos | Para 4 personas

3 (4 onzas / 113 g) de pechugas de pollo deshuesadas y sin piel bajas en sodio, cortadas en cubos de 1 pulgada

1 cebolla morada pequeña, en rodajas

1 pimiento rojo cortado en rodajas

1 taza de ejotes, cortados en trozos de 1 pulgada

2 cucharadas de aderezo de ensalada ranch bajo en grasa

2 cucharadas de jugo de limón recién exprimido

½ cucharadita de albahaca seca

4 tazas de lechuga mixta

1. Fije la temperatura del horno de la freidora a 400ºF
    (204ºC). Presione Iniciar para comenzar a precalentar.

2. En la sartén perforada del horno de la freidora, ase el
    pollo, la cebolla morada, el pimiento rojo y las judías
    verdes durante 10 a 13 minutos, o hasta que el pollo
    alcance una temperatura interna de 165ºF (74ºC) en
    un termómetro para carnes, y eche la comida en la
    sartén perforada una vez durante la cocción.

3. Mientras se cocina el pollo, en un tazón para servir,
    mezcle el aderezo ranch, el jugo de limón y la albahaca.

4. Transfiera el pollo y las verduras a un tazón para servir
    y mezcle con el aderezo para cubrir. Sirva
    inmediatamente sobre hojas de lechuga.

Filetes de pollo asado con verduras

Tiempo de preparación: 10 minutos | Tiempo de cocción: 18 a 20 minutos | Para 4 personas

454 g (1 libra) de filetes de pollo

1 cucharada de miel

Pizca de sal

Pimienta negra recién molida, al gusto

½ taza de pan rallado suave y fresco

½ cucharadita de tomillo seco

1 cucharada de aceite de oliva

2 zanahorias en rodajas

12 papas rojas pequeñas

1. Ajuste la temperatura del horno de la freidora a 380ºF
    (193ºC). Presione Iniciar para comenzar a precalentar.

2. En un tazón mediano, mezcle los filetes de pollo con la
    miel, la sal y la pimienta.

3. En un tazón poco profundo, combine el pan rallado, el
    tomillo y el aceite de oliva y mezcle.

4. Cubra los tiernos con el pan rallado, presionando
    firmemente sobre la carne.

5. Coloque las zanahorias y las papas en la sartén
    perforada del horno de la freidora y cubra con los
    filetes de pollo.

6. Ase de 18 a 20 minutos o hasta que el pollo esté cocido
    a 165ºF (74ºC) y las verduras estén tiernas, agitando la
    sartén perforada a la mitad durante el tiempo de
    cocción.

7. Sirva caliente.

Pollo Asado con Ajo

Tiempo de preparación: 5 minutos | Tiempo de cocción: 25 minutos | Para 4 personas

4 (5 onzas / 142 g) de pechugas de pollo deshuesadas y sin piel bajas en sodio

1 cucharada de aceite de oliva

1 cucharada de jugo de limón recién exprimido

3 cucharadas de maicena

1 cucharadita de hojas secas de albahaca

⅛ cucharadita de pimienta negra recién molida

20 dientes de ajo sin pelar

1. Fije la temperatura del horno de la freidora a 370ºF (188ºC). Presione Iniciar para comenzar a precalentar.

2. Frote el pollo con aceite de oliva y jugo de limón por ambos lados y espolvoree con maicena, albahaca y pimienta.

3. Coloque el pollo sazonado en la sartén perforada del horno de la freidora y cubra con los dientes de ajo. Ase durante unos 25 minutos, o hasta que el ajo esté suave y el pollo alcance una temperatura interna de 165ºF (74ºC) en un termómetro para carnes. Servir inmediatamente.

Shawarma de pollo simple

Tiempo de preparación: 10 minutos | Tiempo de cocción: 15 minutos | Para 4 personas

Especia Shawarma:

2 cucharaditas de orégano seco

1 cucharadita de canela en polvo

1 cucharadita de comino molido

1 cucharadita de cilantro molido

1 cucharadita de sal kosher

½ cucharadita de pimienta gorda molida

½ cucharadita de pimienta de cayena

Pollo:

1 libra (454 g) de muslos de pollo deshuesados y sin piel, cortados en trozos grandes del tamaño de un bocado

2 cucharadas de aceite vegetal

Para servir:

Tzatziki

Pan pita

1. Para la especia de shawarma: En un tazón pequeño, combine el orégano, la pimienta de cayena, el comino, el cilantro, la sal, la canela y la pimienta de Jamaica.

2. Para el pollo: En un tazón grande, mezcle el pollo, el aceite vegetal y la especia de shawarma para cubrir. Deje marinar a temperatura ambiente durante 30 minutos o cubra y refrigere hasta por 24 horas.

3. Ajuste la temperatura del horno de la freidora a 350ºF (177ºC). Presione Iniciar para comenzar a precalentar. Coloque el pollo en la sartén perforada del horno de la freidora. Fríe al aire durante 15 minutos, o hasta que el pollo alcance una temperatura interna de 165ºF (74ºC).

4. Transfiera el pollo a una fuente para servir. Sirva con tzatziki y pan de pita.

Solomillo De Pavo Con Especias

Tiempo de preparación: 20 minutos | Tiempo de cocción: 30 minutos | Para 4 personas

½ cucharadita de pimentón

½ cucharadita de ajo en polvo

½ cucharadita de sal

½ cucharadita de pimienta negra recién molida

Pizca de pimienta de cayena

680 g (1½ libras) de lomo de pechuga de pavo

Spray de aceite de oliva

1. Fije la temperatura del horno de la freidora a 370ºF (188ºC). Presione Iniciar para comenzar a precalentar. Rocíe ligeramente la sartén perforada del horno de la freidora con aceite en aerosol.

2. En un tazón pequeño, combine el pimentón, el ajo en polvo, la sal, la pimienta negra y la pimienta de cayena. Frote la mezcla por todo el pavo.

3. Coloque el pavo en la sartén perforada del horno de freidora y rocíe ligeramente con aceite de oliva en aerosol.

4. Freír al aire durante 15 minutos. Dale la vuelta al pavo y rocía ligeramente con aceite de oliva en aerosol. Fríe al aire hasta que la temperatura interna alcance al menos 170ºF (77ºC) durante 10 a 15 minutos adicionales.

5. Deje reposar el pavo durante 10 minutos antes de cortarlo y servirlo.

Albóndigas de pavo dulces y picantes

Tiempo de preparación: 15 minutos | Tiempo de cocción: 15 minutos | Para 6

454 g (1 libra) de pavo molido sin grasa

½ taza de pan rallado integral panko

1 huevo batido

1 cucharada de salsa de soja

¼ de taza más 1 cucharada de salsa hoisin, cantidad dividida

2 cucharaditas de ajo picado

⅛ cucharadita de sal

⅛ cucharadita de pimienta negra recién molida

1 cucharadita de sriracha

Spray para cocinar

1. Ajuste la temperatura del horno de la freidora a 350ºF (177ºC). Presione Iniciar para comenzar a precalentar. Rocíe ligeramente la sartén perforada del horno de la freidora con aceite en aerosol.

2. En un tazón grande, mezcle el pavo, el pan rallado panko, el huevo, la salsa de soja, 1 cucharada de salsa hoisin, el ajo, la sal y la pimienta negra.

3. Con una cucharada, forme la mezcla en 24 albóndigas.

4. En un tazón pequeño, combine el ¼ de taza restante de salsa hoisin y sriracha para hacer un glaseado y reserve.

5. Coloque las albóndigas en la sartén perforada del horno de la freidora en una sola capa. Es posible que deba cocinarlos en lotes.

6. Freír al aire durante 8 minutos. Cepille las albóndigas generosamente con el glaseado y fríalas al aire hasta que estén bien cocidas, de 4 a 7 minutos adicionales. Sirva caliente.

Baquetas agridulces

Tiempo de preparación: 5 minutos | Tiempo de cocción: 23 a 25 minutos | Para 4 personas

6 muslos de pollo

3 cucharadas de jugo de limón, dividido

3 cucharadas de salsa de soja baja en sodio, cantidad dividida

1 cucharada de aceite de maní

3 cucharadas de miel

3 cucharadas de azúcar morena

2 cucharadas de salsa de tomate

¼ de taza de jugo de piña

1. Ajuste la temperatura del horno de la freidora a 350ºF (177ºC). Presione Iniciar para comenzar a precalentar.

2. Espolvorea las baquetas con 1 cucharada de jugo de limón y 1 cucharada de salsa de soja. Coloque en la sartén perforada del horno freidora y rocíe con el aceite de maní. Mezcle para cubrir. Hornee por 18 minutos o hasta que el pollo esté casi cocido.

3. Mientras tanto, en un tazón de metal combine las 2 cucharadas restantes de jugo de limón, las 2 cucharadas restantes de salsa de soja, miel, azúcar morena, salsa de tomate y jugo de piña.

4. Agregue el pollo cocido al tazón y revuelva para cubrir bien el pollo con la salsa.

5. Coloque el recipiente de metal en el horno freidora. Hornee de 5 a 7 minutos o hasta que el pollo esté glaseado y registre 165ºF (74ºC) en un termómetro para carnes.

6. Sirva caliente.

Pollo Brasileño Tempero Baiano

Tiempo de preparación: 5 minutos | Tiempo de cocción: 20 minutos | Para 4 personas

1 cucharadita de semillas de comino

1 cucharadita de orégano seco

1 cucharadita de perejil seco

1 cucharadita de cúrcuma molida

½ cucharadita de semillas de cilantro

1 cucharadita de sal kosher

½ cucharadita de granos de pimienta negra

½ cucharadita de pimienta de cayena

¼ de taza de jugo de limón verde fresco

2 cucharadas de aceite de oliva

1½ libras (680 g) de muslos de pollo

1. En un molinillo de café limpio o un molinillo de especias, combine el comino, el orégano, el perejil, la cúrcuma, las semillas de cilantro, la sal, los granos de pimienta y la cayena. Procese hasta que esté finamente molido.

2. En un tazón pequeño, combine las especias molidas con el jugo de limón y el aceite. Coloque el pollo en una bolsa de plástico con cierre. Agregue la marinada, selle

y masajee hasta que el pollo esté bien cubierto. Deje marinar a temperatura ambiente durante 30 minutos o en el refrigerador hasta por 24 horas.

3. Fije la temperatura del horno de la freidora a 400ºF (204ºC). Presione Iniciar para comenzar a precalentar.

4. Coloque las baquetas con la piel hacia arriba en la sartén perforada del horno de freidora y fría al aire durante 20 a 25 minutos, girando las baquetas a la mitad del tiempo de cocción. Use un termómetro para carnes para asegurarse de que el pollo haya alcanzado una temperatura interna de 165ºF (74ºC). Servir inmediatamente.

Pechugas De Pollo Tex-Mex

Tiempo de preparación: 10 minutos | Tiempo de cocción: 17 a 20 minutos | Para 4 personas

1 libra (454 g) de pechugas de pollo deshuesadas y sin piel bajas en sodio, cortadas en cubos de 1 pulgada

1 cebolla mediana picada

1 pimiento rojo picado

1 chile jalapeño, picado

2 cucharaditas de aceite de oliva

$^2/_3$ taza de frijoles negros enlatados bajos en sodio, enjuagados y escurridos

½ taza de salsa baja en sodio

2 cucharaditas de chile en polvo

1. Fije la temperatura del horno de la freidora a 400ºF (204ºC). Presione Iniciar para comenzar a precalentar.

2. En un tazón mediano de metal, mezcle el pollo, la cebolla, el pimiento morrón, el jalapeño y el aceite de oliva. Ase durante 10 minutos, revolviendo una vez durante la cocción.

3. Agregue los frijoles negros, la salsa y el chile en polvo.
    Ase durante 7 a 10 minutos más, revolviendo una vez,
    hasta que el pollo alcance una temperatura interna de
    165ºF (74ºC) en un termómetro para carnes. Servir
    inmediatamente.

Hamburguesas de pavo tex-mex

Tiempo de preparación: 10 minutos | Tiempo de cocción: 14 a 16 minutos | Para 4 personas

$^1/_3$ taza de totopos de maíz finamente triturados

1 huevo batido

¼ taza de salsa

$^1/_3$ taza de queso pepper Jack rallado

Pizca de sal

Pimienta negra recién molida, al gusto

454 g (1 libra) de pavo molido

1 cucharada de aceite de oliva

1 cucharadita de pimentón

1. Fije la temperatura del horno de la freidora a 330ºF (166ºC). Presione Iniciar para comenzar a precalentar.

2. En un tazón mediano, combine los chips de tortilla, el huevo, la salsa, el queso, la sal y la pimienta, y mezcle bien.

3. Agregue el pavo y mezcle suave pero bien con las manos limpias.

4. Forme hamburguesas con la mezcla de carne de aproximadamente ½ pulgada de grosor. Haga una hendidura en el centro de cada hamburguesa con el pulgar para que las hamburguesas no se inflen mientras se cocinan.

5. Unte las hamburguesas por ambos lados con aceite de oliva y espolvoree con pimentón.

6. Coloque en la sartén perforada del horno de la freidora y fría al aire durante 14 a 16 minutos o hasta que la carne registre al menos 165ºF (74ºC).

7. Deje reposar durante 5 minutos antes de servir.

Gallinas tailandesas de Cornualles

Tiempo de preparación: 15 minutos | Tiempo de cocción: 20 minutos | Para 4 personas

1 taza de hojas y tallos frescos de cilantro, picados

¼ taza de salsa de pescado

1 cucharada de salsa de soja

1 chile serrano, sin semillas y picado

8 dientes de ajo machacados

2 cucharadas de azúcar

2 cucharadas de pasta de limoncillo

2 cucharaditas de pimienta negra

2 cucharaditas de cilantro molido

1 cucharadita de sal kosher

1 cucharadita de cúrcuma molida

2 gallinas de Cornualles, sin menudencias, partidas por la mitad a lo largo

1. En una licuadora, combine el cilantro, la salsa de
    pescado, la salsa de soja, el serrano, el ajo, el azúcar, el
    limoncillo, la pimienta negra, el cilantro, la sal y la
    cúrcuma. Mezclar hasta que esté suave.

2. Coloque las mitades de gallina de caza en un tazón
    grande. Vierta la mezcla de cilantro sobre las mitades
    de gallina y revuelva para cubrir. Deje marinar a
    temperatura ambiente durante 30 minutos, o cubra y
    refrigere hasta por 24 horas.

3. Fije la temperatura del horno de la freidora a 400ºF
    (204ºC). Presione Iniciar para comenzar a precalentar.

4. Coloque las mitades de gallina en una sola capa en la
    sartén perforada del horno freidora. Ase durante 20
    minutos. Utilice un termómetro para carnes para
    asegurarse de que las gallinas de caza hayan alcanzado
    una temperatura interna de 165ºF (74ºC). Sirva
    caliente.

Albóndigas de curry tailandés

Tiempo de preparación: 10 minutos | Tiempo de cocción: 10 minutos | Para 4 personas

454 g (1 libra) de pollo molido

¼ taza de cilantro fresco picado

1 cucharadita de menta fresca picada

1 cucharada de jugo de limón fresco

1 cucharada de pasta de curry rojo, verde o amarillo tailandés

1 cucharada de salsa de pescado

2 dientes de ajo picados

2 cucharaditas de jengibre fresco picado

½ cucharadita de sal kosher

½ cucharadita de pimienta negra

¼ de cucharadita de hojuelas de pimiento rojo

1. Fije la temperatura del horno de la freidora a 400ºF
   (204ºC). Presione Iniciar para comenzar a precalentar.

2. En un tazón grande, mezcle suavemente el pollo
   molido, el cilantro, la menta, el jugo de lima, la pasta de
   curry, la salsa de pescado, el ajo, el jengibre, la sal, la
   pimienta negra y las hojuelas de pimiento rojo hasta
   que estén bien combinados.

3. Forma 16 albóndigas con la mezcla. Coloque las
   albóndigas en una sola capa en la sartén perforada del
   horno de la freidora. Fríe al aire durante 10 minutos,
   volteando las albóndigas a la mitad del tiempo de
   cocción. Utilice un termómetro para carnes para
   asegurarse de que las albóndigas hayan alcanzado una
   temperatura interna de 165ºF (74ºC). Servir
   inmediatamente.

Quesadillas de pavo y arándanos

Tiempo de preparación: 7 minutos | Tiempo de cocción: 4 a 8 minutos | Para 4 personas

6 tortillas de trigo integral bajas en sodio

$^1/_3$ taza de queso suizo bajo en sodio y bajo en grasa, rallado

¾ taza de pechuga de pavo cocida y desmenuzada con bajo contenido de sodio

2 cucharadas de salsa de arándanos

2 cucharadas de arándanos secos

½ cucharadita de albahaca seca

Spray de aceite de oliva, para rociar las tortillas

1. Fije la temperatura del horno de la freidora a 400ºF (204ºC). Presione Iniciar para comenzar a precalentar.

2. Pon 3 tortillas en una superficie de trabajo.

3. Divida uniformemente el queso suizo, el pavo, la salsa de arándanos y los arándanos secos entre las tortillas. Espolvoree con albahaca y cubra con las tortillas restantes.

4. Rocíe el exterior de las tortillas con aceite de oliva en aerosol.

5. Una a la vez, fríe las quesadillas en el horno de la freidora durante 4 a 8 minutos, o hasta que estén crujientes y el queso se derrita. Cortar en cuartos y servir.

Hamburguesas Hoisin De Pavo

Tiempo de preparación: 10 minutos | Tiempo de cocción: 20 minutos | Para 4 personas

454 g (1 libra) de pavo molido sin grasa

¼ de taza de pan rallado integral

¼ de taza de salsa hoisin

2 cucharadas de salsa de soja

4 bollos de trigo integral

Spray de aceite de oliva

1. En un tazón grande, mezcle el pavo, el pan rallado, la salsa hoisin y la salsa de soja.

2. Forme la mezcla en 4 empanadas iguales. Cubra con una envoltura de plástico y refrigere las hamburguesas durante 30 minutos.

3. Fije la temperatura del horno de la freidora a 370ºF (188ºC). Presione Iniciar para comenzar a precalentar. Rocíe ligeramente la sartén perforada del horno de la freidora con aceite en aerosol.

4. Coloque las hamburguesas en la sartén perforada del horno de la freidora en una sola capa. Rocíe las hamburguesas ligeramente con aceite de oliva en aerosol.

5. Freír al aire durante 10 minutos. Voltee las hamburguesas, rocíe ligeramente con aceite de oliva en aerosol y fría al aire durante 5 a 10 minutos más, hasta que estén doradas.

6. Coloque las hamburguesas en panecillos y cubra con la selección de aderezos bajos en calorías para hamburguesas, como tomates en rodajas, cebollas y ensalada de repollo. Servir inmediatamente.

Pimientos Rellenos De Pavo

Tiempo de preparación: 20 minutos | Tiempo de cocción: 15 minutos | Para 4 personas

½ libra (227 g) de pavo molido sin grasa

4 pimientos morrones medianos

1 lata (15 onzas / 425 g) de frijoles negros, escurridos y enjuagados

1 taza de queso cheddar bajo en grasa rallado

1 taza de arroz integral cocido de grano largo

1 taza de salsa suave

1¼ cucharaditas de chile en polvo

1 cucharadita de sal

½ cucharadita de comino molido

½ cucharadita de pimienta negra recién molida

Spray de aceite de oliva

Cilantro fresco picado, para decorar

1. Ajuste la temperatura del horno de la freidora a 360ºF (182ºC). Presione Iniciar para comenzar a precalentar.

2. En una sartén grande a fuego medio-alto, cocine el pavo, partiéndolo con una cuchara, hasta que se dore, aproximadamente 5 minutos. Escurrir cualquier exceso de grasa.

3. Corte aproximadamente ½ pulgada de la parte superior de los pimientos y luego córtelos por la mitad a lo largo. Retirar y desechar las semillas y reservar los pimientos.

4. En un tazón grande, combine el pavo dorado, los frijoles negros, el queso cheddar, el arroz, la salsa, el chile en polvo, la sal, el comino y la pimienta negra. Vierta la mezcla en los pimientos morrones.

5. Rocíe ligeramente la sartén perforada del horno de la freidora con aceite de oliva en aerosol.

6. Coloque los pimientos rellenos en la sartén perforada del horno de la freidora. Fríe al aire hasta que esté bien caliente, de 10 a 15 minutos. Adorne con cilantro y sirva.

Wraps de pavo, hummus y queso

Tiempo de preparación: 10 minutos | Tiempo de cocción: 3 a 4 minutos | Para 4 personas

4 envolturas grandes de trigo integral

½ taza de hummus

16 rebanadas finas de pavo deli

8 rebanadas de queso provolone

1 taza de espinacas tiernas frescas, o más al gusto

1. Ajuste la temperatura del horno de la freidora a 360ºF (182ºC). Presione Iniciar para comenzar a precalentar.

2. Para armar, coloque 2 cucharadas de hummus en cada envoltura y extienda hasta aproximadamente media pulgada de los bordes. Cubra con 4 rodajas de pavo y 2 rodajas de provolone. Termine con ¼ de taza de espinacas tiernas, o apile tantas como desee.

3. Enrolle cada envoltura. Coloque 2 envolturas en una sartén perforada para horno de freidora de aire, con la costura hacia abajo.

4. Fríe al aire durante 3 a 4 minutos para calentar el relleno y derretir el queso. Repita el paso 4 para freír al aire las envolturas restantes. Servir inmediatamente.

Brochetas de pollo turco

Tiempo de preparación: 15 minutos | Tiempo de cocción: 15 minutos | Para 4 personas

¼ de taza de yogur griego natural

1 cucharada de ajo picado

1 cucharada de pasta de tomate

1 cucharada de jugo de limón fresco

1 cucharada de aceite vegetal

1 cucharadita de sal kosher

1 cucharadita de comino molido

1 cucharadita de pimentón dulce húngaro

½ cucharadita de canela molida

½ cucharadita de pimienta negra

½ cucharadita de pimienta de cayena

1 libra (454 g) de muslos de pollo deshuesados y sin piel, cortados en cuartos transversalmente

1. En un tazón grande, combine el yogur, el ajo, la pasta de tomate, el jugo de limón, el aceite vegetal, la sal, el comino, el pimentón, la canela, la pimienta negra y la pimienta de cayena. Revuelva hasta que las especias se mezclen con el yogur.

2. Agregue el pollo al tazón y revuelva hasta que esté bien cubierto. Deje marinar a temperatura ambiente durante 30 minutos, o cubra y refrigere hasta por 24 horas.

3. Ajuste la temperatura del horno de la freidora a 375ºF (191ºC). Presione Iniciar para comenzar a precalentar.

4. Coloque el pollo en una sola capa en la sartén perforada del horno de la freidora. Freír al aire durante 10 minutos. Dar la vuelta al pollo y freír al aire durante 5 minutos más. Use un termómetro para carnes para asegurarse de que el pollo haya alcanzado una temperatura interna de 165ºF (74ºC).

5. Sirva caliente.

Muslos de pollo al curry amarillo con maní

Tiempo de preparación: 10 minutos | Tiempo de cocción: 20 minutos | Para 6

½ taza de leche de coco entera sin azúcar

2 cucharadas de pasta de curry amarillo

1 cucharada de jengibre fresco picado

1 cucharada de ajo picado

1 cucharadita de sal kosher

1 libra (454 g) de muslos de pollo deshuesados y sin piel, cortados a la mitad transversalmente

2 cucharadas de maní picado

1. En un tazón grande, mezcle la leche de coco, la pasta de curry, el jengibre, el ajo y la sal hasta que estén bien mezclados. Agrega el pollo; revuelva bien para cubrir. Deje marinar a temperatura ambiente durante 30 minutos, o cubra y refrigere hasta por 24 horas.

2. Ajuste la temperatura del horno de la freidora a 375ºF (191ºC). Presione Iniciar para comenzar a precalentar.

3. Coloque el pollo (junto con la marinada) en una bandeja para hornear. Coloque la sartén en el horno freidora. Hornee por 20 minutos, volteando el pollo a la mitad del tiempo de cocción. Use un termómetro para carnes para asegurarse de que el pollo haya alcanzado una temperatura interna de 165ºF (74ºC).

4. Espolvorea el pollo con el maní picado y sirve.

Rollitos de primavera fritos al aire

Tiempo de preparación: 10 minutos | Tiempo de cocción: 17 a 22 minutos | Para 4 personas

2 cucharaditas de ajo picado

2 tazas de repollo finamente rebanado

1 taza de zanahorias cortadas en palitos de fósforo

2 (4 onzas / 113 g) latas de camarones pequeños, escurridos

4 cucharaditas de salsa de soja

Sal y pimienta negra recién molida, al gusto.

16 envoltorios cuadrados de rollitos de primavera

Spray para cocinar

1. Fije la temperatura del horno de la freidora a 370ºF (188ºC). Presione Iniciar para comenzar a precalentar.

2. Rocíe ligeramente la sartén perforada del horno de la freidora con aceite en aerosol. Rocíe una sartén mediana para saltear con aceite en aerosol.

3. Agregue el ajo a la sartén y cocine a fuego medio hasta que esté fragante, de 30 a 45 segundos. Agregue el repollo y las zanahorias y saltee hasta que las verduras estén ligeramente tiernas, aproximadamente 5 minutos.

4. Agregue los camarones y la salsa de soja y sazone con sal y pimienta, luego revuelva para combinar. Sofría

hasta que la humedad se haya evaporado, 2 minutos más. Dejar enfriar.

5. Coloque una envoltura de rollitos de primavera en una superficie de trabajo para que parezca un diamante. Coloque 1 cucharada de la mezcla de camarones en el extremo inferior de la envoltura.

6. Enrolle el envoltorio hacia afuera hasta la mitad, luego doble los lados derecho e izquierdo, como un sobre. Continúe rodando hasta el final, usando un poco de agua para sellar el borde. Repite con el resto de envoltorios y relleno.

7. Coloque los rollitos de primavera en la sartén perforada de la freidora en una sola capa, dejando espacio entre cada rollo. Rocíe ligeramente con aceite en aerosol. Es posible que deba cocinarlos en lotes.

8. Freír al aire durante 5 minutos. Dé la vuelta a los panecillos, rocíe ligeramente con aceite en aerosol y fría al aire hasta que estén completamente calientes y los panecillos comiencen a dorarse, de 5 a 10 minutos más.

9. Deje enfriar durante 5 minutos antes de servir.

Vieiras envueltas en tocino

Tiempo de preparación: 10 minutos | Tiempo de cocción: 12 minutos | Para 4 personas

12 rebanadas de tocino

24 vieiras grandes, tendones retirados

1 cucharadita más 2 cucharadas de aceite de oliva extra virgen, cantidad dividida

Sal y pimienta para probar

6 brochetas de madera (6 pulgadas)

1 cucharada de vinagre de sidra

1 cucharadita de mostaza de Dijon

5 onzas (142 g) de espinacas tiernas

1 bulbo de hinojo, tallos descartados, bulbo partido a la mitad, sin corazón y en rodajas finas

5 onzas (142 g) de frambuesas

1. Ajuste la temperatura del horno de la freidora a 350ºF (177ºC). Presione Iniciar para comenzar a precalentar.

2. Forre un plato grande con 4 capas de toallas de papel y coloque 6 rebanadas de tocino sobre las toallas en una sola capa. Cubra con 4 capas más de toallas de papel y las 6 rebanadas de tocino restantes. Cubra con 2 capas de toallas de papel, coloque un segundo plato grande encima y presione suavemente para aplanar. Cocine en el microondas hasta que la grasa comience a fundirse

pero el tocino aún sea flexible, aproximadamente 5 minutos.

3. Seque las vieiras con toallas de papel y mezcle con 1 cucharadita de aceite, ⅛ de cucharadita de sal y ⅛ de cucharadita de pimienta en un tazón hasta que estén uniformemente cubiertas. Coloque 2 vieiras de lado a lado, con el lado plano hacia abajo, en la tabla de cortar. Comenzando por el extremo estrecho, envuelva 1 rebanada de tocino firmemente alrededor de los lados del paquete de vieiras. (El tocino debe superponerse ligeramente; recorte el exceso según sea necesario). Pase el paquete de vieiras en la brocheta a través del tocino. Repita con las vieiras y el tocino restantes, enhebrando 2 manojos en cada brocheta.

4. Coloque 3 brochetas en una sartén perforada para horno de freidora, paralelas entre sí y espaciadas uniformemente. Coloque las 3 brochetas restantes en la parte superior, perpendiculares a la capa inferior. Hornee hasta que el tocino esté crujiente y las vieiras firmes y el centro opaco, de 12 a 16 minutos, volteando y girando las brochetas a la mitad de la cocción.

5. Mientras tanto, mezcle las 2 cucharadas restantes de aceite, vinagre, mostaza, ⅛ de cucharadita de sal y ⅛ de cucharadita de pimienta en un tazón grande para servir hasta que se combinen. Agregue la espinaca, el hinojo y las frambuesas y revuelva suavemente para cubrir. Sirve las brochetas con ensalada.

Baja Tacos de pescado

Tiempo de preparación: 15 minutos | Tiempo de cocción: 10 minutos | Para 4 personas

Pescado frito

1 libra (454 g) de filetes de tilapia (u otro pescado blanco suave)

½ taza de harina para todo uso

1 cucharadita de ajo en polvo

1 cucharadita de sal kosher

¼ de cucharadita de pimienta de cayena

½ taza de mayonesa

3 cucharadas de leche

1¾ tazas de pan rallado panko

Aceite vegetal para pulverizar

Tacos

8 tortillas de maíz

¼ cabeza de repollo rojo o verde, rallado

1 aguacate maduro, cortado por la mitad y cada mitad cortada en 4 rodajas

12 onzas (340 g) de pico de gallo u otra salsa fresca

Cucharada de crema mexicana

1 lima, cortada en gajos

1. Para hacer el pescado, corte los filetes de pescado en tiras de 3 a 4 pulgadas de largo y 1 pulgada de ancho. Combine la harina, el ajo en polvo, la sal y la pimienta de

cayena en un plato y bata para combinar. En un tazón poco profundo, mezcle la mayonesa y la leche. Coloque el panko en un plato aparte. Dragar las tiras de pescado en la harina sazonada, sacudiendo el exceso. Sumerja las tiras en la mezcla de mayonesa, cubriéndolas por completo, luego drague en el panko, sacudiendo el exceso. Coloque las tiras de pescado en un plato o rejilla.

2. Fije la temperatura del horno de la freidora a 400ºF (204ºC). Presione Iniciar para comenzar a precalentar. Trabajando en lotes, rocíe la mitad de las tiras de pescado con aceite y colóquelas en la sartén perforada del horno de la freidora, teniendo cuidado de no amontonarlas. Freír al aire durante 4 minutos, luego voltear y freír al aire durante otros 3 a 4 minutos hasta que el exterior esté dorado y crujiente y el interior opaco y se desmenuce fácilmente con un tenedor. Repite con las tiras restantes.

3. Calienta las tortillas en el microondas o en la estufa. Para armar los tacos, coloque 2 tiras de pescado dentro de cada tortilla. Cubra con repollo rallado, una rodaja de aguacate, pico de gallo y una cucharada de crema. Sirva con una rodaja de limón a un lado.

Palitos de pescado mejor que en caja

Tiempo de preparación: 10 minutos | Tiempo de cocción: 10 a 12 minutos | Para 4 personas

Sal y pimienta para probar

680 g (1½ libras) de filetes de eglefino sin piel, de ¾ de pulgada de grosor, cortados en tiras de 4 pulgadas

2 tazas de pan rallado panko

1 cucharada de aceite vegetal

¼ de taza de harina para todo uso

¼ de taza de mayonesa

2 huevos grandes

1 cucharada de condimento Old Bay

Spray de aceite vegetal

1. Disuelva ¼ de taza de sal en 2 cuartos de galón de agua fría en un recipiente grande. Agrega el eglefino, tapa y deja reposar por 15 minutos.

2. Mezcle el panko con aceite en un tazón hasta que esté uniformemente cubierto. Cocine en el microondas, revolviendo con frecuencia, hasta que estén ligeramente dorados, de 2 a 4 minutos; transferir a un plato poco profundo. Batir la harina, la mayonesa, los huevos, la mostaza, Old Bay, ⅛ de cucharadita de sal y ⅛ de cucharadita de pimienta en un segundo plato poco profundo.

3. Coloque una rejilla en una bandeja para hornear con borde y rocíe con aceite vegetal en aerosol. Retire el eglefino de la salmuera y séquelo bien con toallas de papel. Trabajando con 1 pieza a la vez, drague el eglefino en la mezcla de huevo, dejando que gotee el exceso, luego cubra con la mezcla de panko, presionando suavemente para que se adhiera. Transfiera los palitos de pescado a la rejilla preparada y congele hasta que estén firmes, aproximadamente 1 hora.

4. Fije la temperatura del horno de la freidora a 400ºF (204ºC). Presione Iniciar para comenzar a precalentar. Rocíe ligeramente la sartén perforada del horno de la freidora con aceite vegetal en aerosol. Coloque hasta 5 palitos de pescado en la sartén perforada preparada, espaciados uniformemente. Fríe al aire hasta que los palitos de pescado estén dorados y registren 140ºF (60ºC), de 10 a 12 minutos, volteando y girando los palitos de pescado a la mitad de la cocción.

5. Sirva caliente.

Pescado ennegrecido

Tiempo de preparación: 15 minutos | Tiempo de cocción: 8 minutos | Para 4 personas

1 huevo grande, batido

Condimento ennegrecido, según sea necesario

2 cucharadas de azúcar morena clara

4 (4 onzas / 113 g) filetes de tilapia

Spray para cocinar

1. En un recipiente poco profundo, coloca el huevo batido. En un segundo tazón poco profundo, mezcle el condimento ennegrecido y el azúcar morena.

2. Uno a la vez, sumerja los filetes de pescado en el huevo, luego la mezcla de azúcar morena, cubriendo bien.

3. Ajuste la temperatura del horno de la freidora a 300ºF (149ºC). Presione Iniciar para comenzar a precalentar. Cubra la bandeja perforada del horno de la freidora con papel pergamino.

4. Coloque el pescado rebozado sobre el pergamino y rocíe con aceite.

5. Hornea por 4 minutos. Voltee el pescado, rocíelo con aceite y hornee de 4 a 6 minutos más hasta que el pescado esté blanco por dentro y se desmenuce fácilmente con un tenedor.

6. Servir inmediatamente.

Salmón ennegrecido

Tiempo de preparación: 10 minutos | Tiempo de cocción: 5 a 7 minutos | Para 4 personas

Salmón:

1 cucharada de pimentón dulce

½ cucharadita de pimienta de cayena

1 cucharadita de ajo en polvo

1 cucharadita de orégano seco

1 cucharadita de tomillo seco

¾ cucharadita de sal kosher

⅛ cucharadita de pimienta negra recién molida

Spray para cocinar

4 (6 onzas / 170 g cada uno) filetes de salmón salvaje

Salsa de pepino y aguacate:

2 cucharadas de cebolla morada picada

1½ cucharadas de jugo de limón fresco

1 cucharadita de aceite de oliva extra virgen

¼ de cucharadita más ⅛ de cucharadita de sal kosher

Pimienta negra recién molida, al gusto

4 pepinos persas, cortados en cubitos

6 onzas (170 g) de aguacate Hass, cortado en cubitos

1. Para el salmón: En un tazón pequeño, combine el pimentón, la pimienta de cayena, el ajo en polvo, el orégano, el tomillo, la sal y la pimienta negra. Rocíe

ambos lados del pescado con aceite y frótelo por todas partes. Cubra todo el pescado con las especias.

2. Para la salsa de pepino y aguacate: En un tazón mediano, combine la cebolla morada, el jugo de limón, el aceite de oliva, la sal y la pimienta. Deje reposar por 5 minutos, luego agregue los pepinos y el aguacate.

3. Fije la temperatura del horno de la freidora a 400ºF (204ºC). Presione Iniciar para comenzar a precalentar.

4. Trabajando en lotes, coloque los filetes de salmón con la piel hacia abajo en la sartén perforada del horno de la freidora. Fríe al aire durante 5 a 7 minutos, o hasta que el pescado se desmenuce fácilmente con un tenedor, dependiendo del grosor del pescado.

5. Sirva cubierto con la salsa.

www.ingramcontent.com/pod-product-compliance
Lightning Source LLC
Chambersburg PA
CBHW051058050726
47592CB00002B/581